ゲイツとバフェット
新しい資本主義を語る

マイケル・キンズレー 編　和泉裕子・山田美明 訳
Michael Kinsley　Yuko Izumi　Yoshiaki Yamada

Creative Capitalism

徳間書店

Creative Capitalism
by
Michael Kinsley

ゲイツとバフェット　新しい資本主義を語る

もくじ

ブックデザイン●熊澤正人＋中村　聡（パワーハウス）
翻訳協力●（株）リベル

序
経済のリーダーたちが現代企業の課題に迫る

編者・経済ジャーナリスト
マイケル・キンズレー

本書は、資本主義を新たな地域に広め、資本主義を利用して、これまで慈善事業や政府援助に任せていた問題を解決できるかどうかを論じたものである。

いまは本書を出すには絶好のタイミングとは言えないだろう。というのも、この原稿を執筆している二〇〇八年九月末、世界は金融危機におちいっているからだ。その規模はいまだわからない。資本主義という株があり、資本主義の評判という通貨があるとしたら、この数週間で株価も通貨も急落した。九月初旬までは、その株価はまだ右肩上がりだった。資本主義にはもっと可能性があると言われていたし、市場を使った新しい創造的なアイデアもふんだんにあった。しかしいまや、資本主義を現状のまま放っておこうという考え方は、狂犬の群れを野放しにしておこうとでも言うようなものである。

本書の寄稿者のなかには、経済的な大破局が待ち受けているとしても、アメリカの実業界が自分の仕事にさえ専念していれば、経済はもっとよくなるはずだと主張する人がいるに違いない。しかしこれから何が起ころうとも、自由市場資本主義が最悪の経済体制であるという世界的総意をくつがえすことはできそうにない。ウィンストン・チャーチルの言葉をもじっていえば、この経済体制は、ほかのあらゆる体制よりはましであるかもしれないが、やはり最低であることに変わりはないのだ。そしてこれからきびしい時期が待ち受けているとするなら、この数年間で企業に、これまで以上に社会的な責任意識を植えつけることができたのは、きわめて喜ばしい。

実際、最近では、大学生に始まりハリウッド俳優、ニューヨーク社交界の名士、企業のＣＥＯに至るまで、誰もが〝慈善〟に参加したがっている。それがどれほど社会の役に立つのかはわからないが、奨励すべき風潮であることは確かだ。

しかし問題はある。大企業のあいだで流行っている〝慈善熱〟はとりわけ問題だ。そもそも企業とは、株主集団の利益を追求するという特定の目的のために存在するものだからだ。それでも企業は今日の経済状況を完全に支配しているため、何らかの形で慈善行為に参加してもらわなければ、慈善事業は大した成果をあげられないだろう。

二〇〇八年一月、スイスのダヴォスで毎年開催される世界経済フォーラムの席で、ビル・ゲイツがスピーチをおこなった。資本主義における成功の尺度が金儲けであるとすれば、ゲイツは史上最も成功した資本家だと言えよう。ゲイツはまもなく役職を退き、妻とともに数年前に創設したビル＆メリンダ・ゲイツ財団の活動に余生の大半を捧げる予定だという。

財団を創設して以来、ゲイツはすでに史上最大の慈善活動家になったと言っていい。寄付金の額を慈善家としての成功の尺度とするなら、確かにそのとおりだ。二〇〇八年までに、ゲイツ夫妻は三百億ドル以上を財団に寄付し、財団は百六十億ドル以上を助成してきた。さらに、ゲイツの友人であるウォーレン・バフェットが、自身の資産の大半をゲイツ財団に寄付することにしたため、財団の資産は六百億ドル以上にまでふくらんだ。

しかし金額の大きさは、ゲイツが資本家として成功したことを示す一つの尺度でしかないように、ゲイツが慈善家として成功したことを示す一つの尺度でしかない。別の尺度としてあげられるのが、ゲイツが寄付をするさいによりどころとしている判断基準と重点の置き方である。ゲイツは周りからのどんな圧力にも屈することなく、たとえば資金繰りに苦しむ地元の歌劇団よりも、はるかかなたの国々の貧困や病気のほうが差し迫った問題であると強く主張したのだ。

ゲイツの慈善家としての成功を示すもう一つの尺度があるとすれば、それは、彼に対する世間的イメージの変化だと言えるだろう。それこそがゲイツの慈善活動の目的だったという見方もあるが、それはおかしい。自己PRに三百億ドルも使う者などいないからだ。しかし五年前までは、ゲイツは有害な独占主義者だと言う声が多かった。『サベイランス／監視』という不愉快な題名の映画のなかで、明らかにゲイツをモデルにしたと思われる人物が殺人者として描かれている。しかし現在では、ビル・ゲイツという名前を聞くと、狡猾なビジネス手法よりも慈善活動が連想されるようになった。そのようにイメージを変えた人物は、それまでにも存在した。ジョン・D・ロックフェラーやアンドリュー・カーネギーが似たような変身を遂げている。

本格的に慈善に取り組む二十年も前から、ゲイツはすでに、大富豪とはいえないにしても、裕福ではあった。なぜもっと早く慈善活動を始めなかったのかと多くの非難を浴びたが、ゲイツはいつもこう語っていた。

「金を稼ぐときと同様、寄付をするにも頭を使う必要がある。金を稼ぐのが一段落したら、寄付のことをきちんと考えてみたい」

そして驚いたことに、ゲイツはそのとおりにしたのである。もともとビル・ゲイツ率いるマイクロソフトは、妥協のない企業として知られていた。ところがダヴォスにおけるスピーチで、ゲイツは従来の資本主義とは異なるアプローチを主張し、それを〝創造的資本主義〟と呼んだ。ゲイツがその言葉で何を伝えようとしたのか正確なところはわからないが、それを解釈する試みこそが、本書のテーマの一つである。いずれにせよ、その言葉の意味するところは、現代資本主義を象徴する〝グローバル企業〟は、ビジネス活動のなかに貧しい人々のための活動を組み込むべきである、というものだ。

心の豊かさと物の豊かさをどう結びつけるべきか。これは人と企業がともに直面している問題だ。私はゲイツのスピーチを聞いた後、創造的資本主義にかんする本を書こうか、それとも、自分よりも創造的資本主義に詳しそうな人に書いてもらった論文をまとめようか、と考えをめぐらせた。そうこうしているうちに、もっと良いアイデアが浮かんだ。優秀な人物をたくさん集め、インターネット上で創造的資本主義にかんする討論をおこなわせ、その討論をまとめて一冊の本を作ってしまおう、というものだ。

このプロジェクトを立ち上げた当初、私たちは参加制限を設けた。だが、それは実に愚かな誤りだった。過去数十年にわたり、世界の人々はウェブの公開性および透明性についてさまざまなことを学んできた。それなのに私たちはあえてそのすべてを無視し、参加するのにパスワードが必要な閉鎖的なサイトを開設してしまった。排他的にしたほうが、大物経済学者たちが参加しやすく、寄稿しやすいと思ったからだ。それによって、学者ぶった俗物を排除できるだけではない。参加制限のないサイトだと、その分野で確固たる地位を築いた人物でさえ容赦なく侮辱される可能性がある。インターネット上には、自分と何の関係もないサイバースペースをあちこちうろついては、真面目な参加者にみじめな気分を味わわせてやろうとしている愚か者が大勢いるのだ。私がこれまで携わってきたどのウェブサイトでも、そんな経験をしている。

このように、つい最近までウェブサイトは非公開だった。しかし、私たちが著名な経済学者の名前を集めた夢のようなリストを作成し、リストアップされた人々に参加を呼びかけてみると、ほとんどの場合、参加の約束は容易に取りつけられたが、実際に何かを書いてもらうのはむずかしいことがわかった。さしあたっては、私たちの依頼にしつこく悩まされたくないという思いから（もちろんプロジェクトに心から関心を寄せていたのかもしれないが）、参加を承諾するものの、長期的に参加し、実際に何かを書かなければならないとなると、及び腰になってしまうようだった。

そこで私たちは、多少の不安はあったが、ウェブサイトを公開することにした。ブログソフトウェアのタイプパッドを使用して複雑だったサイトを簡素化し、よく知られている単純な公開ブログサイトに修正した。

結果は思った以上だった。突然、毎日何千というアクセスが集まるようになったのだ。ほかのブログでも宣伝をしてくれるようになり、約束されたまま長らくほったらかしになっていた寄稿も実際におこなわれるようになった。著名な経済学者にとっても、「あなたの論文を読みました」と言われるのはうれしいものらしい。ほかの著名な経済学者と排他的なクラブで語り合うよりも、はるかにこちらのほうが楽しかったのだろう。

第1部

資本主義への新たなアプローチ

マイクロソフト社会長
ビル・ゲイツ
（二〇〇八年一月二十四日、スイスのダヴォスで開催された世界経済フォーラムでのスピーチ）

Ⓒcorbis/amanaimages

グローバル経済が生んだ凄まじい格差

私がマイクロソフトでフルタイムで働く会長としてダヴォスに来るのは、これが最後となります。

みなさんのなかには、日々生活しながらときどきふと立ち止まり、自分の仕事について考えたとき、「この仕事はすごい。おもしろいし、わくわくするし、社会の役にも立つ。この仕事ならいつまでだって続けていける」と言える幸運な人もいることでしょう。

しかし誰でも、時の経過とともに、過去を振り返り、こう自問しなければならなくなるはずです。自分はこれまで何を成し遂げてきたのか、これからさらに何を成し遂げたいと思っているのか、と。

三十年前、二十年前、十年前の私が考えていたのは、ソフトウェアの魔法で世界をいかに変えることができるか、ということでした。

私はテクノロジーの飛躍的な進歩こそが、重要な問題を解決できるものと信じていました。確かに徐々にではありますが、数十億という人々にそのとおりの結果をもたらしています。

しかし、テクノロジーの飛躍的な発展により変化したのは、そうしたテクノロジーを購入できる人々の生活だけです。購買力に裏づけられた需要があるところだけなのです。

「経済的需要」というのは、「経済的ニーズ」と同じではありません。

世界にはコンピュータ時代の優れたテクノロジーどころか、もっと基本的なニーズが満たされていない人々が何十億人といます。しかし彼らには、市場に訴えかけるような形で自分たちのニーズを表明する術《すべ》がありません。ですから、ニーズが満たされないまま生活しているのです。

こうした人々の生活を変えられる可能性が十分にあるとしても、それを実際におこなっていくには、別次元の変革が必要です。テクノロジーの変革だけでは足りません。システムの変革が必要です。そして今日、私がここダヴォスでみなさんと話し合いたいと思っているのは、このことなのです。

まず始めに、広く受け入れられるかどうかわかりませんが、私の意見を述べてみたいと思います。

世界はよくなりつつあります。

世界は過去のどの時代よりも、はるかに住みやすい場所になっています。

社会における女性やマイノリティ（社会的少数者）の地位を、過去のどの時代とでもいいですから比較してみてください。どの社会でもかまいません。

また、過去百年のあいだに平均寿命がほぼ二倍になったことを考えてみてください。

国家の統治形態はどうでしょう。選挙で投票をおこない、自分の意見を表明し、経済的自由を謳歌している人々の数を、過去のどの時代でもいいから比較してみてください。

このように、私たちの生活に決定的な影響をもたらす三つの分野において、世界はよくなりつつあります。

こうした改善は、科学、テクノロジー、医学の進歩と軌を一にしています。それらの進歩が引き金となっている場合もあります。こうした進歩は、私たちを幸福の高みにまで押し上げてくれました。そして私たち人類はお互いのために何ができるかということにかんしても、テクノロジー主導の革命が始まっています。来る数十年のあいだに私たちは、病気を診断し、病気を治し、世界中の子供に教育を施し、貧しい人々が働ける機会をつくるなど、世界の知性を総動員することによってきわめて困難な問題を見事に解決することができるようになるでしょう。

私は世界をそんなふうに見ています。つまり、みなさんがすでにお気づきのように、私は楽観主義者なのです。

しかし私は、せっかちな楽観主義者でもあります。

世界はよくなりつつありますが、私はその進歩の速度には満足していません。それに、誰の目から見ても世界がよくなりつつあるというわけでもありません。

ときには世界における偉大な進歩が、世界の不平等をいっそう悪化させてきました。まったく生活に困っていない裕福な人々が進歩の恩恵をたっぷりと受けているのに、生活に困窮している貧しい人々はほとんどその恩恵に浴していません。実際、一日一ドル以下で生活している人が世界には十億人もいるのです。

その十億人は、十分な食べ物を手に入れることのできない人々であり、きれいな飲料水を飲むことのできない人々であり、電気のない暮らしをしている人々なのです。そのどれもが、私たちの周りにあたりまえのようにあるものなのに――。

マラリアなどの病気は、毎年百万人を超える人命を奪っています。それなのに、薄毛や脱毛を治す薬のほうがはるかに私たちの関心を引いています。

貧しい生活をしている人々は、グローバル経済の恩恵を受けそこなったばかりではありません。自分たちが乗り遅れた経済成長の弊害に苦しむことにもなるのです。彼らは地球の温暖化の原因となるようなことをほとんど何もしていないのに、温暖化による悪影響を最も受けることになるでしょう。

どうしてニーズの満たされている人々ばかりがグローバル経済の恩恵をこうむり、ニーズの満たされていない人々がその恩恵を受けられないのでしょうか?

それは、市場のインセンティブのせいです。市場のインセンティブがこのような事態を生んでいるのです。

貧しい人々のための〝創造的資本主義〟

純粋な資本主義体制では、裕福な人々のために働こうとするインセンティブは、多くの見返りが期待できるため高くなりますが、貧しい人々のために働こうとするインセンティブは、あまり見返りが期待できないため低くなります。とくに相手があまりに貧しい場合には、そうした人たちのために働こうとするインセンティブなどまったくなくなってしまいます。だからこそ私たちは、裕福な人々のために機能している資本主義のさまざまな側面を、貧しい人々のためにも機能させるような方法を見つけ出さなければならないのです。

資本主義の特質は、個人の利益をより多くの人の利益に敷衍《ふえん》できることにあります。新たなアイデアを生み出せば大きな金銭的見返りが期待できるため、さまざまな発見を求めて幅広い分野で才能ある人々が活躍しています。個人の利益追求によって機能しているこのシステムのおかげで、偉大な技術革新がおこなわれ、何十億という人々の生活が改善されてきたのです。

しかし、万人がその恩恵を受けられるような形でこの能力を利用するためには、システムを改善する必要があります。

私の考えでは、人間には本質的に二つの大きな力があります。自分の利益を追い求める力と、他人を思いやる力です。資本主義は、この自分の利益を追い求める力を持続的かつ有益な形で利用していますが、それだけでは裕福な人々のためのものでしかありません。いっぽう、貧しい人々を思いやる力は、慈善事業や政府援助を通して実践されていますが、そうした人々のニーズを満たす前に資金が使い尽くされてしまっているのが現状です。貧しい人々の生活を早急に改善していくためには、現在よりもはるかに効果的な形で、技術者や企業の目を貧しい人々に向けさせるシステムが必要なのです。

そのシステムには、二つの使命が課せられることになります。収益をあげること、そしてさらに、市場取引から十分な恩恵を受けることができない人々の生活を改善すること、この二点です。このシステムを長期にわたり持続していくためには、常に利益インセンティブを利用する必要があります。

しかし、そうは言っても、企業が貧しい人々のために奉仕しようとすれば、常に利益をあげるというわけにはいかなくなります。そのような場合、市場にもとづいた別のインセンティブが必要となる。そのインセンティブが〝評価〟です。企業の活動が評価されれば、その企業の評判は上がり、顧客へのアピールとなります。とくに善良な人々は、その企業に魅力を感じるはずです。このように、善行に対する評価は、市場において有利に働きます。利益をあげることのできない市場では、評価がその代わりとなりますし、利益をあげることができる市場でも、評価はさらなるインセンティブとなります。

その目指すところは、利益と評価を含む市場インセンティブが貧しい人々の生活を変革していく、そうしたシステムを設計することです。

私はこの新しいシステムを〝創造的資本主義〟と呼びたいと思います。これは、世界の不平等を緩和する活動をおこなうことで多くの人が利益を得、評価を受けることができるように、政府、企業、非営利団体が一致協力して市場の力の及ぶ範囲を広げていく取り組みであります。

もちろん、なかにはこうした〝市場にもとづいた社会変革〟に反対する方もいらっしゃるでしょう。利益追求に感情をまじえていては、市場の力の及ぶ範囲を広げるどころか、かえって狭めてしまうことになるだろう、と。しかし、資本主義の父であり、『国富論』の著者であるアダム・スミスは、個人の利益追求が社会にとって価値があることを強く信じながらも、最初の著作である『道徳情操論』の冒頭にこう記しています。

「人間がいかに利己的だと考えられていようとも、人間の本性には明らかに、ある原則が存在する。人間は他人の運命に関心を寄せ、他人の幸福を必要とするものだ、という原則である。たとえそれを目にする楽しみ以外に何も得るものがないとしても」

創造的資本主義は、このように他人の運命に関心を寄せ、それを自分自身の運命に結びつけます。両者の生活を向上させるような形で結びつけるのです。この利益追求と他人への思いやりという二つを兼ね備えた混合型システムは、そのどちらか一方のみによるシステムよりも、はるかに多くの人に働きかけることでしょう。

途上国のニーズに合わせたビジネス

こうした私の考えは、さまざまな経験から生まれたものです。そのなかには、マイクロソフトで世界の不平等に取り組んだときの経験も含まれています。

過去二十年間マイクロソフトは、それまでテクノロジーに触れることのできなかった人々にテクノロジーを提供する手段として、慈善活動を利用してきました。私たちは、情報格差を埋める努力の一環として、現金やソフトウェアの形でこれまで三十億ドル以上を寄付してきました。こうした寄付を今後も続けていく予定です。

しかし、私たちが大きな影響力を及ぼすことができるのは、ソフトウェアを無料もしくは安価で提供したときばかりではありません。テクノロジーを利用して問題を解決する方法を提示できたときこそ、最も大きな影響力を及ぼすことができるのです。そのような専門知識をなるべく多く提示できるよう私たちは努力しています。世界中に広がるわが社の生産グループおよび事業グループ、それに、インドの研究所で働いている最も優秀な頭脳たちが、コンピュータをより利用しやすく、より入手しやすいものにしようと、新たな製品、テクノロジー、ビジネスモデルの開発に取り組んでいます。

たとえば、読み書きがまったくできない人やわずかしかできない人でも、ちょっとした訓練を積むかほんの少し人の手を借りるだけで即座にパソコンを利用することができるような、テキストを使わないインタフェースを研究しています。ほかにも、ワイヤレス技術をソフトウェアと連携させ、農村地域のコンピュータ・アクセスにかかる高額の接続コストをどれだけ抑えることができるかを研究したりもしています。私たちは、貧しい人々が直面している問題に、これまで以上に重点的に取り組み、技術者や研究者に新たなアイデアを考え出す時間と資金を与えるようにしています。

このような創造的資本主義であれば、発展途上諸国のニーズに合わせてビジネスの専門知識を駆使することで、その市場を開拓することができます。発展途上国にもすでに市場はあります。ただ開拓されていないだけなのです。発展途上国では、ときに市場の力が大した影響力を持たない場合もありますが、それは需要がないからでも、資金が不足しているからでもありません。十分に時間をかけ、その市場のニーズと限界を研究していないからなのです。

この点については、企業戦略論の第一人者C・K・プラハラード氏の『ネクスト・マーケット』（英治出版、二〇〇五年）に雄弁に述べられています。この本は、これまでにない発想で利潤動機を最大限に利用するという点で、企業に多大な影響を与えました。

世界保健機関（WHO）がアフリカで髄膜炎の予防接種を広めていこうとしたとき、WHOはワクチン製造業者のもとへ行くよりも先にアフリカを訪れ、まず、人々がいくらぐらいならお金を払うことができるかを調査しました。その結果、子供一人一人にこのワクチンを接種させたければ、その価格は一人当たり五十セント以下でなければならない、ということがわかりました。それを受けてWHOは協力会社に対し、この価格で採算の合う製品をつくれるかどうかを打診し、やがてインドのシーラム社が、このワクチンを一人分四十セントで製造できる新たな方法を発見したのです。同社は今後十年間にわたり、二億五千万人分のワクチンを提供し、公共医療制度を通して配布することに同意しました。同社は、民間セクターに直接そのワクチンを販売することも自由にできます。

また、コレラ・ワクチンの製造権を持っているオランダの企業の例もあります。この企業は、先進諸国においてはワクチンの製造権を保持していますが、発展途上国では現地の製造業者と製造権を共有しています。その結果、ベトナムで製造されたコレラ・ワクチンは一人分一ドルもしません。輸送費や予防接種キャンペーンの費用も含めてです。こういった「段階的な価格設定」を利用することで、低所得者層に対して本来は高価な薬やテクノロジーを提供できる産業はたくさんあります。

発展途上諸国のニーズに詳しい専門家が、ソフトウェア会社や製薬会社の科学者たちと年に何度も会合を開き、貧しい人々のために最高のアイデアを提供すべく手を貸してくれるとしたら、どんなことが成し遂げられるでしょうか？　先ほど例としてあげたワクチンのプロジェクトが、その手がかりを与えてくれます。

創造的資本主義へのもうひとつのアプローチとして、政府に直接関与してもらうという方法もあります。もちろん政府は、市場の育成とはまったく関係ない形で、貧しい人々の支援をすでに数多くおこなっています。研究への資金提供、医療支援、学校や病院の建設などです。しかし政府がもっと大きな影響力を発揮できる方法があります。それは、貧しい人々の生活を改善する市場インセンティブを生み出すような政策を定め、その資金を提供することです。

二〇〇七年、ブッシュ大統領がある法律に署名しました。製薬会社が、マラリアや結核など、先進諸国では見過ごされてきた病気の治療法を新たに開発すれば、別の製品についても食品医薬品局の審査を優先的に受けることができるという法律です。つまり、マラリアの新薬を開発すれば、収益性の高いコレステロール低下薬を、一年早く市場に流通させることができるかもしれないわけです。製薬会社にとって、優先的に審査を受けられるということは、何億ドルもの価値があると言えましょう。

創造的資本主義へのさらに別のアプローチとして、単純に、貧しい世界の企業が豊かな世界の市場に参入するのを支援するという方法もあります。私は明朝、アフリカのある農場経営者との業務提携を発表する予定です。その農場経営者にはプレミアムコーヒー市場に参入してもらいます。コーヒー豆の収穫から得られる収入を二倍にするのが目標です。

このプロジェクトでは、アフリカの農場経営者が高品質のコーヒー豆を生産するのを支援し、そのコーヒー豆の購入を希望する企業と農場経営者の橋渡しをする予定です。それにより、農場経営者やその家族、ひいては村全体が貧困から救い出されることでしょう。

最後に、創造的資本主義の最も独創的な形態と言えるものを一つあげましょう。これには、私たちがよく知っている人物がかかわっています。

数年前、私はここダヴォスのとあるバーで、アイルランドのロックバンドU2のボーカリスト、ボノと同席しました。ボノは、世界の変革を支援するため、公共心に富んだ企業から製品を購入するたびにその代金の一部を寄付にまわせるようなシステムを作るにはどうすればいいか、といったことを話してくれました。

彼のアイデアは、最初はやや突拍子もないものに思えましたが、その理念は正しいものです。誰でも、自分が気になっている運動に参加する機会を与えられれば、多少多めの出費も惜しまないものです。その割増分で世界を動かすことができるのですから。こうしてここダヴォスで、REDプロジェクト（訳注：アフリカのエイズ撲滅のために立ち上げられたプロジェクト。参加企業がREDブランドの製品を販売し、その売り上げの一部が世界エイズ・結核・マラリア対策基金に寄付される）が生まれたのです。

REDブランドの製品は、GAP、モトローラ、アルマーニといった企業から販売されています。ちょうど今週、デルとマイクロソフトがこの運動に参加しました。この一年半のあいだに、

REDプロジェクトから世界エイズ・結核・マラリア対策基金に五千万ドルもの金額が寄せられました。その結果、およそ二百万人に及ぶアフリカの人々が薬を手に入れ、命を救われているのです。

市場の力で社会変革を進める

さまざまな形態の創造的資本主義を一言でまとめるとすれば、市場に即した取り組みを通して、先進国に暮らす私たちの周りにあたりまえのように存在するものを、それを手にすることができない人々にも行きわたらせることだと言えます。こうした取り組みを洗練し、改善していけば、世界を変革していこうとする原動力は、しだいに大きく、強く、効率的なものになっていくでしょう。そう信じずにはいられません。

市場インセンティブが変革の原動力となれば、持続的な変革が可能です。なぜなら、利益と評価は再生可能な資源だからです。スイスの企業家、クラウス・シュワブは、世界中の社会的な企業家、すなわち、生活を改善していくためのアイデアを手頃な価格の商品やサービスに具体化できる人々を支援しています。クリントン元大統領は、豊かな世界の生産者と貧しい世界の消費者とを仲介する存在として、非営利団体が独自の役割を果たすことができると述べています。また、『ファスト・カンパニー』誌は、〝社会的資本主義〟なるものに賞を与えました。

こうしたことは、それぞれがまったく無関係に起こったのではありません。世界の流れなのです。そして私たちすべてに、こうした動きを加速させる能力と義務があるのです。

ここにいるみなさんにお願いしたいと思います。みなさんが企業に勤めておられるにせよ、政府に仕えておられるにせよ、非営利団体に属しておられるにせよ、どうか創造的資本主義のプロジェクトに取り組んでみてください。何も新たなプロジェクトである必要はありません。既存のプロジェクトでいいのです。その場合には、市場の力の及ぶ範囲を広げ、変革を推し進めていける部分がないか検討してみてください。対外援助をするとき、慈善のための寄付をするとき、世界を変革しようとするとき、そんなときにはみなさんにもまた、市場取引の力を背景に貧しい人々を支援していく方法を見つけていただきたいのです。

各企業の方々には、社内のトップクラスの技術者たちの知恵を借りながら、グローバル経済から取り残された人々を支援するために何ができるかを考えていただきたいと思います。そのような形で貢献ができれば、単に寄付金を出したり、従業員にボランティア活動をさせたりするよりも、はるかに大きな効果をあげることができます。みなさんの会社がいちばん得意とするものを集中的に使用するのですから。これも創造的資本主義の一形態と言えます。なぜなら、裕福な人々の生活をさらに向上させることのできる知性を利用して、貧しい人々の生活を改善することになるからです。

製薬会社のなかには、グラクソ・スミスクラインなど、社内のトップクラスの技術者・研究者たちに、貧しい人々を支援する新たな方法を検討させている会社がたくさんあります。食品、携帯電話など、ほかの業界でも同じような試みがおこなわれています。それぞれの分野の指導的立場にある会社を範とし、残りの会社がそれにならえば、世界の不平等に対し、劇的な影響を及ぼすことができるのではないでしょうか。

最後になりますが、ここにいらっしゃる偉大な考えの持ち主であるみなさんに考えていただきたい問題があります。各企業はその能力や知性を駆使して貧しい人々のために活動をおこないますが、その活動内容を測る尺度を、企業、政府、NGO、メディアがどのようにつくり出していけばいいのか、という問題です。こうした尺度は、創造的資本主義の重要な要素です。尺度があれば、立派な仕事に評価を与えることができます。そうなれば、貧しい人々のために数多くの活動を展開した企業は、必ず市場にもとづいた報酬を得られることになります。

私たちは大いなる変革の時代を生きています。二十一世紀の最初の数十年間をかけ、このような事業活動に利益と評価をもたらしつつ、貧しい人々のニーズを満たしていく方法を模索していけば、やがては世界の貧困を継続的に削減していく方法を見出すことができるでしょう。この仕事に終わりはありません。あるはずもありません。しかし、この難題に熱心に取り組んでいけば、やがては世界を変革していくことができるのです。

ビル・ゲイツのスピーチ要点

1

今日の奇跡的な技術革新は、それを購入することができる人々にのみ恩恵をもたらしている。市場は〝需要〟にのみ対応し、〝ニーズ〟には対応していない。

2

自由市場システムには不備がある。この不備を改善するためには、さらなる技術革新よりもシステムの変革が必要である。

3

世界はよくなりつつあるが、その進歩の速度には満足できない。また、誰の目から見ても世界がよくなりつつあるというわけではない。テクノロジーの大幅な進歩によって不平等はいっそう悪化しており、およそ十億人の人々が進歩から取り残されている。たとえば、地球の温暖化は、温暖化には何の責任もない人々に最悪の影響を及ぼすことになるだろう。

4

それはなぜか？　〝純粋な資本主義システム〟では、裕福な人々のために働こうとするインセンティブは高いが、貧しい人々のために働こうとするインセンティブは低い。貧しい人々のために働こうとするインセンティブも存在するシステムが必要である。

5

自分の利益を追い求めるのは、人間に備わっている二つの本質的な力の一つにすぎない。もう一つの力とは〝他人を思いやる力〟である。資本主義の特質は、個人の利益をより多くの人の利益に敷衍《ふえん》できることにある。慈善活動や政府支援は、私たちの〝他人を思いやる力〟を実践したものであるが、世界の問題を解決するには資金が足りない。

6

従来の資本主義システムを修正すれば、収益をあげつつ、貧しい人々の生活を改善することができるだろう。

7

修正された資本主義システムでは、可能なかぎり利益インセンティブを利用すべきであるが、利益をあげられない場合でも、市場にもとづいたインセンティブを利用することが可能である。それは〝評価〟である。前向きに評価されれば企業の評判は上がり、顧客を引きつけ、有能な労働者を確保することができる。

8 ―― 創造的資本主義とは、利益と評価という二つのインセンティブにより、自己の利益を追い求める力と他人を思いやる力とを同時に刺激するシステムである。

9 ―― 創造的資本主義のもとでは、政府、企業、非営利団体が協力し合う。

10 ―― 利益追求と他人への思いやりとを兼ね備えた混合型システムは、そのどちらか一方のみによるシステムよりも、はるかに多くの人に働きかける。

11 ―― たとえば、企業は現金や製品を寄付する。あるいは、資金を投じたりテクノロジーを利用したりして、貧しい国々に新たな市場を開拓することができれば、なおいい。

12 ―― たとえば、〝段階的価格設定〟をする。製薬会社は高価な特許を所有しており、先進諸国においては完全独占価格で販売しているが、発展途上諸国の製造業者には一人分一ドル以下で販売させている。

13 ―― ときには〝政府が直接関与〟し、企業が貧しい人々を支援するための市場インセンティブを創出する。たとえば、先進諸国で見過ごされてきた病気の治療法を新たに開発した製薬会社は、別の製品についても食品医薬品局の審査を優先的に受けることができる。

14

発展途上諸国の企業が、先進諸国でビジネスをおこなうのを支援する、というアプローチもある。

15

もう一つの例として、U2のボノが提唱した〝REDキャンペーン〟がある。特定の製品の売り上げの一部を、貧しい国々における慈善活動に寄付するというものである。ある製品を購入することでこうした活動に参加できるのであれば、多少高めの代金でも支払う人は多い。

16

さまざまな形態の創造的資本主義を一言でまとめるとすれば、市場に即した取り組みを通して、私たちの周りにあたりまえのように存在するものを、それを手にすることができない人々にも行きわたらせることである。

17

企業は〝トップクラスの技術者たち〟の知恵を借り、貧しい人々が直面している問題に対処すべきである。裕福な人々の生活をさらに向上させることのできる知性を利用して、貧しい人々の生活を改善していくべきである。

第2部

ゲイツとバフェット「創造的資本主義」を語る

ウォーレン・バフェット&
ビル・ゲイツ

©corbis/amanaimages

これは、ビル・ゲイツの唱えた創造的資本主義について、ビル本人とウォーレン・バフェットがおこなった討論である。この討論会は、二〇〇八年五月十五日、ワシントン州メディナにあるビル・ゲイツの自宅でおこなわれた。討論会には、ゲイツの妻メリンダ、ゲイツ財団のジョシュ・ダニエル、それに私マイケル・キンズレーも同席した。

企業はビジネスの核となる価値観を持て

ウオーレン・バフェット●まず最初に、できればビルから創造的資本主義という構想の要点を話してもらえると助かるのですが。

ビル・ゲイツ●とおっしゃられても、完璧な定義があるわけではありません。私は、市場には新たな変革をもたらす大きな力があると信じています。それなのに、市場はドルがあるところでしか機能しないという現状にとらわれてしまっている人には、〝貧しい人々のニーズを満たす市場〟という発想がまったくありません。

それでは、貧しい人々のニーズをどう促進・支援していけば、市場は貧しい人々に手を差しのべるようになるのでしょうか？　過去百年を、市場がいかにすばらしいものであるかを示す実験であったとして振り返ってみますと、その答えはきわめて明快であり、実にあたりまえのことなのです。あまりにも明らかであるために、もはや議論さえされなくなったことが世の中にはたくさんありますが、この答えもその一つです。

核物理学者エドワード・テラーの本にはこう書かれています。もし技術革新を信じていなければ、自分は共産主義者になっていただろう、と。経済がゼロサム的状況（訳注：複数の人が相互に影響し合うなかで、全員の利得の総和が常にゼロになる状況）であるなら、あのまともとは思えない財産共有制を試みるべきでしょう。テラーが資本主義という方法を快く受け入れたのは、そこに技術革新があり、総体的な成長を続ける経済活動があるからにほかなりません。もっともなことだと思います。

企業は、利潤の最大化以外のこともおこなうべきだという意見がよく聞かれます。そして〝多様性〟とか、広い意味で〝企業の社会的責任〟という言葉が使われるとき、そこに非常に重い意味が込められていることに驚かされます。ウォーレンと私はこの数日間、ちょうどマイクロソフト社のCEO会議に出席していましたが、その席でこんな話がたくさん出てびっくりしました。従業員が明確な目的意識を感じ、その行動の指針とすることができるように、企業は、事業活動の核となる価値観を持つ必要がある、というのです。そしてそれこそが中心になければならない、それこそが短期的な収益指標よりもはるかに必要なのだ、と。

ゼネラル・エレクトリックの元CEOであるジャック・ウェルチは、その点をよくわきまえていました。ウォルマートの元CEOであるリー・スコットも同じように、その点についてきわめて真面目に考えていたようです。私も常々そのとおりだと思っています。

ハーバード大学経営大学院教授のビル・ジョージは、リーダーシップにかんするパネル討論会を運営していますが、それによると、いまの若い世代は、目的意識を持った人たちと仕事をすることを切に望んでいるそうです。つまり若い人々は、そういった目的意識や自分なりの価値観を持つとき、次のような問いかけをしているのです。企業として所有しているあらゆる独自の能力――企業がこれまで蓄積してきた技能や創造力に富んだ人材など――をもとに、自分たちは何をすることができるのか、貧困に苦しむ二十億人のために何をすることができるのか、と。

その答えは、C・K・プラハラードの言っているように、多少のリスクは負ってでも貧困層の市場を開拓することなのかもしれませんし、利潤追求ではない活動をおこないつつ、莫大な利益を手に入れる機会を模索していくことなのかもしれません。

すると誰かが〝創造的資本主義〟という言葉を聞いて、こう言うかもしれません。「わかった。貧しい二十億人のために働き、利益は度外視するようにとビル・ゲイツは言っているのだ」と。

私はそんなことを言うつもりは毛頭ありませんが、利益をどこまであきらめればいいのか、それについてはっきりと言明するつもりもありません。利益の一パーセントと言えばいいのでしょうか？　二パーセント？　三パーセント？　企業に利益と社会的責任という二重の役割を求める人はみな、明確な回答を避けています。具体的な数字を示そうとはしません。なぜなら、利益と社会的責任という二つの目標は、いずれ完全に対立し合うものではなくなると考えているからです。

そのことを最もよく理解できるのは、製薬会社、銀行、ＩＴ企業、食品会社といった巨大なグローバル企業です。こうした大企業であれば、貧しい世界から買い、貧しい世界に供給するとともに、貧しい世界について考える科学者や技術者をまとめて抱えておくことができますからね。そして最良の企業がおこなうことをすべての企業がおこなえば、貧しい人々の生活は飛躍的に向上するはずです。

この件については、これから一年のあいだに、さらに多くのことがはっきりするでしょう。というのは、私は財団に戻って新たな活動を展開するつもりですが、まずは製薬会社のトップ、食品会社のトップ、その他いろいろな会社のトップと会談する予定だからです。多くの企業を訪れ、こうした活動が、雇用面においても、あるいは企業の評判や長期市場の開拓という面においても、企業の役に立つだろうということを理解してくれるかどうか、それを肌で感じ取ってこようと思います。そして、どれほど具体的な返事がもらえるかを確認してきます。

バフェット●しかしビルが話しているあいだに、ふとこんな考えが浮かびました。政府にうるさく口出しされることを望まず――実業界も富裕な人々もそれを決して望まないでしょう――その一方で、大勢の人間の行動を自主的に管理するシステムがあまりうまく機能しなければどうなるのだろう、と。これは、たったいま考えついたことなので、もっとよく考えてみる必要はありますが。

たとえば企業は法人所得の三パーセントかそこらを、アメリカ実業界の代表者数名が管理する基金に投じ、社会の長期的利益のために利用してもらうことにしたらどうでしょう。そうなればこの組織は、自分たちのほうが政府よりもはるかにうまく事業を運営していくことができると考え、教育や医療など、いまの政府が大きな役割を果たしている事業に取り組むことになるかもしれません。何たって企業収益の三パーセントもの金額を、強制的な財源として手に入れることができるのですから。

以前、大手投資銀行ベアー・スターンズのCEOエイス・グリーンバーグは、ベアー・スターンズの専務取締役は全員、収入の四パーセントを慈善団体に寄付すべきだと主張し、毎年十二月になると、まだ四パーセント寄付していない者を説得しにあちこち足を運んだものです。また、ユダヤ人に対しては、カトリック精神を基盤とした慈善事業ネットワーク〈カソリック・チャリティーズ〉に寄付をすべきだと呼びかけ、逆にカトリック教徒に対しては、ユダヤ人による慈善事業ネットワーク〈ユナイテッド・ジューイッシュ・アピール〉に寄付をすべきだと呼びかけました。これなどは先ほど述べた案のバリエーションと言えます。

法人所得の三パーセントを徴収してごらんなさい。おそらく年間三百億ドルにはなるでしょう。小規模な企業は免除してもかまいません。市場システムが自然に行きわたることのなかった社会でなすべき事業があるのなら、こういった代表組織が、〝見えざる手〟(訳注：アダム・スミスが『国富論』のなかで用いた言葉で、経済は各個人の利潤追求に任せておいても〝見えざる手〟に導かれて社会全体の利益につながるとした)を補完することになるでしょう。それは、社会のために天から降りてきた〝第二の手〟となるでしょうが、実務的に管理されます。このようなシステムが何をもたらすか、私はとても興味深いと思います。

ゲイツ●貧しい人々のために何をできるのか――それぞれの企業が、社内のトップクラスの技術者をこの問題に振り向ければコストがかかります。ですからそれができない企業は、ある一定の金額を、技術者を抱える企業のためにプールしておくといいと思います。その金額は法人所得の四〜五パーセントにしてはどうでしょう。こちらから製薬会社に「マラリア・ワクチンの研究をしてください」と言うだけで、そのための資金をその会社に負担させるというのでは、理不尽もいいところです。

そんなことをしていると、大手製薬会社は「わが社はもう、貧しい人々の病気には取り組んでいませんが、取り組むとすれば無償でおこないます」とでも言い出しかねません。すると別の製薬会社が薬の研究をおこなうことになりますが、その会社は、利潤が最大化される限界費用で薬を販売するため、事実上悪評をこうむることになります。すると先の大手製薬会社はえらそうにこう言うのです。「ええ、たまたまわが社は薬を作らなかっただけで、あんなろくでもない会社とは違います。わが社が薬を開発していたら、そんな高い代金を支払わせたりしませんから」

バフェット●市場システムは、常に富裕な人々の医療ニーズを重視しています。たとえば、若い女性との交際を望む富裕な男性がいれば、その男性にバイアグラを売りつけてひと儲けすることができます。つまり市場システムは、そうした薬剤の研究を価値あるものだとみなすわけです。しかし、世界の貧しい地域に固有の病気、ほかの地域ではどこにも見られない病気にかんする研究については、価値を見出さないのです。

途上国にビジネスチャンスを見出す

キンズレー●創造的資本主義の最大の特徴は、第一に、企業が何らかの形で寄付金を出すこと、もしくは会社の優秀な従業員の時間を割くなど、金銭と同等のものを無償で与えること、そして第二に、企業が貧しい国々に埋もれているビジネスチャンスを見出すことでしたね。

この第二の点についてお伺いしたいのですが、これは、ある経済学者が、道端に十ドル札が落ちているのを見て「これが本物であるはずがない。本物なら、もうとっくに誰かが拾っているはずだ」と言ったという有名なジョークと同じような気がします。どうして創造的資本主義でなければならないのでしょう？　つまり、利益をあげる絶好のチャンスが貧しい国々に転がっているとしたら、どうしていまだに誰もそれを手にしていないのでしょうか？

ゲイツ●こんなたとえを出すのは恐ろしい気がしますが、ある種の病気が豊かな国と貧しい国両方を襲ったときには、トリクルダウン理論（訳注：富者が富めば、貧者にも自然に富がしたたり落ちるという経済理論）により、結果的に貧しい人々にも利益がもたらされます。というのは、高い開発コストが豊かな世界で回収された後、特許切れになった薬が貧しい人々に限界費用で販売され、誰もが恩恵をこうむることになるからです。

しかしマラリアの場合、アメリカではすでに根絶されているため、もはやワクチンは必要ありません。これは貧しい国にとっては悲劇だと言えます。豊かな世界に存在しない病気に対しては、優秀な人材を総動員して対処しようとはしないからです。

つまり、この点においてこそ、創造的資本主義が必要なのです。創造的資本主義では、たとえば貧しい人々に微量栄養素を提供したり、いま述べたような薬を開発したりできます。携帯電話やネットワークの別の使い道を試してみることもできます。現状のままですと、豊かな世界というのは、貧しい世界のことなどかまわず、自分たちのためになることしかしないという傾向におちいりやすいですから。

バフェット●ただし、企業が進出した後で思いがけない損害をこうむりそうな国では、市場もゆがみます。財産が没収される可能性が高い国でビジネスを営むには、それだけ高い期待収益が必要になるからです。それに、法の原則がまったく適用されていない国では、たとえ収益の可能性があったとしても企業はビジネスを始める気になれないかもしれません。

キンズレー●しかしそれが道理でしょう。

バフェット●確かにそのとおりです。現在、その対策として考えられているのが、連邦輸出入銀行のような、外国での売買を保証してくれる銀行の創設です。たとえばインドネシアに行って財産を奪われたとしても、少なくともその銀行が損失分を補償してくれるというものです。しかし、そういった役割は政府こそが担うべきなのです。政府が責任を持たなければ、ひどい目にあったからもう二度とインドネシアには行かないと企業に言われてもしかたがありません。こうしたことは一部の国々ではいつでも起こり得ます。二十五年前に比べれば、それがビジネスの障害になるという状況はかなり減っていると思いますが、それでもやはり世界の一部の地域では財産を没収される危険があり、人々のもとに商品やサービスが届きにくくなっているのです。

キンズレー●個人であれ企業であれ、安心を求め、危険を回避しようとするのは当然ではないでしょうか？　当然だとすれば、どうして貧しい地域で市場の開拓を進めようとするのですか？

ゲイツ●合理的行動という点から見ればそうですね。若い従業員が「アフリカの市場を開拓するべきでしょうか？」と尋ねてきたら、合理的な考えの人はこう答えるかもしれません。「大して儲からないのに、わざわざそんなことをする必要はないだろう」。

しかし、何が合理的かについては、人によってかなり差があります。その仕事にかかわってみたいという気があり、その仕事で確実に利益を生み出せるのであれば、誰でも、そのチャンスを追求するための具体的な戦略を生み出そうとするでしょうし、ついにはきわめて合理的なやり方を考えつくかもしれません。

企業がたどることのできる合理的な道はいくつもあります。ですから企業に対し、「多様性を方針としたばかりに、あなたの会社は理不尽な仕事をするはめになりました。そんな方針をとらなければよかったのではないでしょうか」と言えば、こう言い返されることでしょう。「それは違います。あの方針のおかげで、何が合理的かということがいままで以上によくわかったのです」と。企業のなかには、本音でそう言っている企業もあります。いや、むしろ大半の企業がそうでしょう。しかしなかには、よくわかっていない企業もあります。Ａの道とＢの道の両方をとるわけにはいかないので、一方をあきらめてこう言うのです。
「そうか、広い道のほうが合理的な道で、もう一方の道は考えるのもばかばかしい道なのだ」

バフェット●マイクロソフト社の場合は、進歩的な方針をとるかどうかで、雇用する人材も多少変わってくるのでしょう。しかし、大手食品会社のクラフトとケロッグとジェネラル・ミルズとを比べてみますと、ジェネラル・ミルズはミネアポリスで〈五パーセント企業献金プログラム〉を実施しています。それでもこうした方針をとっているかどうかが、この三社の求人に応募してくる人の質に影響を及ぼしているとは思いません。GEICO（訳注：アメリカの民間保険会社。バフェットがCEOを務める世界最大の投資持株会社バークシャー・ハサウェイの子会社）の場合も同じです。GEICOがもしも環境保護を推進していたとしても、社員募集に応じる人々の顔ぶれに大して差はないと思います。

自社の利益に限定されない活動をする

キンズレー●創造的資本主義を実践していくには、ある程度の出費が必要です。それは、株主の利益を減らしているようなものです。はたして企業経営者には、株主の利益を減らす権利があるのでしょうか？

バフェット●基本的には、株主の出資金を寄付する権利が経営者にあるとは思いません。ただ、株主のみなさんが事前に寄付先を指定しておき、利益の一部が自分の最も優先する慈善活動へ寄付されるようにしておけばいいと思います。たとえば私が、女性の〝性と生殖にかんする権利〟の正当性を信じており、それに自分の全財産を注ぎ込みたいと思っていたとしても、ほかの株主が私の好みに従わなければならないとは思いません。しかし、たとえば養子縁組を支持する株主は、持ち株の比率に応じて、バークシャー・ハサウェイの慈善基金の一定の割合をそれに振り向けられるといったような仕組みがあればいいと思います。

キンズレー●確かバークシャーではそんなプログラムをおこなっていたと聞いています。

バフェット●ええ、二十年か二十五年の間おこなっていました。しかし、寄付先の一部の団体の活動に反対している人々がいまして、そうした人々が、経営陣や従業員にではなく、取引のある納入業者たちにかなりの圧力をかけてきたのです。私は彼らと争う気はなかったので、プログラムそのものをやめてしまいましたが、いまだに私は、株主自身が寄付先を選べるこうしたプログラムは適切なものだと信じています。官僚が納税者の税金を分配すると、経営者たちはみな、自分が出した税金が勝手に分配されることに腹を立てます。しかし、自分がいざ株主の出資金を分配する段になると、自分こそが分配の権利を神から授けられているとでも考えているようですからね。

ゲイツ●先ほど、なぜ貧しい地域で市場の開拓をするのかと問われましたが、わかりやすい例をあげましょう。マイクロソフト社は、世界中の政府と良好な関係を保つ必要があります。私たちは限界費用のきわめて低い製品であるソフトウェアを生産しているため、また、情報能力の育成はそのままわが社の目的であるため、百以上の国々を訪れてさまざまな慈善活動をおこなっているのです。寄付金を出すこともありますし、ソフトウェアを寄贈したり教員の養成をすることもある。そして、このような活動の認知度を上げるようにしています。そうしておけば、政府からの受注を他企業と争っているときに、私たちがその国のよき市民であることを誰もが思い出してくれるからです。こうした活動の効果を合理的な方法で計算することはできません。必要以上に慈善活動をやっていると言われるかもしれませんが、それでもマイクロソフト社にとっては、慈善活動をしないよりはしたほうがはるかにいいのです。

また、私たちはインドに貧しい人々の支援をする研究所を設置して、なかなかおもしろい活動をしています。研究所の人たちがやって来て、スライドを数枚使って活動内容をプレゼンしてくれました。彼らが、〝ピラミッドの底辺〟もしくは〝最底辺の二十億人〟と呼んでいる人々を撮影したスライドです。そのスライドによって、パソコンが高価すぎること、電力事情があまりにもひどいこと、しかしこのような場所でもマイクロソフトのソフトウェアが貧しい人々の役に立つということがよくわかりました。

その活動では、教師や農民を支援するためにＤＶＤを使用しています。実に見事なアイデアだと思います。テレビセットとポータブルＤＶＤプレーヤーを使用し、ベストプラクティス（訳

注：ある結果を得るのに最も効率的な手法やプロセスのこと）を見つけるのです。地元の農民を集め、競わせ、最も優秀な農民の作業の様子を映像に記録します。そして地元の人々を集めてイベントを開き、その場で映像を記録したＤＶＤを上映するのです。

実にうまいやり方だと思います。こうした新興市場向けの技術開発事業は、やがて独り立ちしていくことでしょう。きわめて熱心に取り組んでいますから、いずれこの活動を専門にしていくようになると思います。ゲイツ財団でもどのように支援していけるか検討しているところです。現在の活動はまだまだ小規模で、ざっと計算してみても、わが社の六万人の従業員のうち、研究所で働いているのは三十人程度だったと思います。

ところで、こうした活動から、わが社は多少なりとも直接的な見返りが得られるでしょうか？得られるものと私は信じています。

バフェット●しかし、もし私がエクソンモービルの会長だったとしたらどうでしょう。個人的には、ナイジェリアは新規事業展開に魅力的な石油地帯だと思っているのですが、そこでビジネスを展開しようとするなら、ナイジェリアの大統領好みの慈善活動に一千万ドル寄付したほうがいいのでしょうか、それとも、ナイジェリアの貧しい人々に世論調査をし、彼らが実際に何を望んでいるかを調べ、それに一千万ドルを費やしたほうがいいのでしょうか？

というのは、市場経済の原理に忠実にしたがえば、企業は世間の人々からよく思われたいと考えますが、企業の種類が異なれば、よく思われたい相手も異なるからです。こうしたことは、平等な社会という観点から見て望ましいと思われるものとはほとんど何の関係もありません。厳密に市場に即したテストをおこなえば、数百万の人々の利益となる行動を起こすより、独裁者やその妻に気に入られたほうがビジネスには有利という結果が出るかもしれません。

キンズレー●ジレンマにおちいることはないのですか？　あなたがたは、このように資金を使うことが株主にとっても理にかなったことだと言っています。善意はやがてさまざまな形で報われるとか、よりよい人材を雇用するのに役立つとか、ナイジェリアの市場を開拓できるとか……。

バフェット●トラブルに巻き込まれないようになるとか。

キンズレー●そうですね。しかしそのように善意が本当に報われるのなら、報酬のために慈善活動をやっていることになります。それなら、慈善活動を自慢げに宣伝する権利などないんじゃありませんか？　慈善をすることで、慈善活動を宣伝する権利を買っているのだとしたら——確かにそのような権利にも価値はありますので、株主に対して慈善活動を強制しても正当化されると思いますが——もしそうだとしたら、慈善活動を自慢する資格はないと思いますね。

ゲイツ●いや、その資格はあると思います。世界を正しい方向へ導いているのですから。この世界には、お互いにプラスになるということがあります。すばらしい顧客サービスを考えついたのなら、そのサービスを提供していることを自慢してもいいのです。ある国の貧しい人々を支援することで、その国の政府に気に入ってもらえたのなら、政府に気に入られた恩恵を受けることもできれば、その国の貧しい人々を助けたことを堂々と言うこともできるのです。

バフェット●慈善をおこなっているのは慈善活動を宣伝する権利を手に入れるためだと言わないかぎりは、ということですか?

ゲイツ●いやいや。マイクロソフト社の慈善活動はそんな目的でおこなっているのでは決してありませんよ。〝パートナーズ・イン・ラーニング〟プログラム（訳注：教職員や生徒を対象にした、情報コミュニケーション技術を利用する機会の提供と、それを使いこなすためのスキルアップを目的とするマイクロソフトのプログラム）は学校寄付のようなものです。宣伝する権利などはまったく関係ありません。私たちは、国際ニュース番組に出演して「私たちは一生懸命頑張っています。この事業はとても大変でした」などと言ったりしません。むしろ世界の現状を見ると、大学生たちは、自分たちの所属する組織の利益だけに限定されない活動に専門的に携わっていくことを、本気で望んでいるのです。それは、実にエリート的な発言かもしれません。そんな発言ができるのは、ピラミッドの上層にいる特定の人々に限られたことなのかもしれません。しかしこうした人々こそ、グローバルな大企業が最も関心を寄せている雇用要員なのです。

バフェット●ウォルマートの社員も、毎日何かと批判されている企業よりも、むしろ称賛されている企業で働きたいと言っています。一般に労働者は、会社の具体的な方針が世間の批判を招こうが称賛を招こうが、さほど気にかけていないと思いますが、称賛されている企業で働くほうが間違いなく居心地がいいでしょう。また、子供たちも学校でさまざまな噂を耳にするでしょうから、親がそういう企業で働いてくれていたほうが気分がいいでしょう。ですからウォルマートでは、大半の社員が、自分たちに直接かかわりのあるものとして会社の方針に関心を寄せています。ほかの問題についてはどれほど関心があるのかわかりませんが。

先ほど、株主一人一人が寄付先を指定するプログラムについてお話ししましたが、わが社はそのプログラムのために不評を買いました。わが社のある株主の寄付先に反対した一部の人間が、ついに私の傘下にある製菓会社シーズ・キャンディーズの不買運動を始めたのです。ほかの株主の寄付先には、不買運動をした人々が賛同している団体もあったのですがね。不買運動の人たちは、自分たちの気に入る活動よりも、自分たちの気に入らない活動に目をつけたというわけです。

ゲイツ●不買運動をおこなった人たちは大目に見てくれなかったと……。

バフェット●ええ。私たちは、寄付先を決めているのは一〇〇パーセント、個々の株主であると繰り返し言いました。私たちは多くの現金をカトリック系の学校などにも寄付していますが、ある人は、いくらあなたが中絶反対派の団体に十億ドル寄付していたとしても、中絶賛成派の団体に一ドルでも寄付するなら、私はあなたの会社の製品の不買運動を続ける、と手紙に書いてきました。人はときにかたくなになります。しかも、自説の論理に反する形で意固地になることがよくあるのです。

活動を評価するフィードバックシステムを持つ

キンズレー●ゲイツ財団の人たちは、資金の使い道に重点を置き、その使い道について、できる限り合理的で実際的で、しかも検証可能な決断を下せることを誇りとしていますよね。ではここであげたような、たとえばペルー政府と良好な関係を維持したいとか、インドにいる従業員に満足感を味わってほしいなどという、はっきりとした形のないことに資金を投じる場合にも、いま言ったような決断が下せると自信を持って言えますか？

ゲイツ●そうですね、そうした判断基準は常にフィードバックシステムにもとづいています。それは何も経済的なものに限りません。なかでも企業は、ウォーレンが言っていたように、評判のフィードバックに大きく左右されます。ほとんど隷属していると言ってもいいぐらいです。つまり企業は、大した審査すらないままに体制が形づくられてしまうことが往々にしてあるのです。というのも、ポイント制を適用して企業を管理している人間は、そのポイントを獲得するためにはこれこれのことをしなければならないという観点から選択をおこなっているだけだからです。

私たちがいま必要としているのは、企業がこの創造的資本主義の枠組みのなかでしてきたことを、それの影響も含めて、たとえば一年ごとに分析する人材なのです。思うに、こうしたたぐいのフィードバックシステムは絶対に必要です。活動の成果を公正に評価できれば、資金をうまく利用したベストプラクティスを広めていくことができますし、資金がうまく利用されていないのに過剰に称賛されることもなくなります。

しかし、そう言うのは簡単ですが、ある創造的資本主義の活動が、実は何のインパクトももたらさず、大した儲けにもならず、またいずれ自社が営利目的でおこなったであろうことばかりだったのに気づくためには、長い時間をかけて分析することが必要です。こうした分析にはいくらでも言い逃れされてしまう余地がありますので、正しく分析するためには専門的な知識を取り入れていく必要があります。専門的な知識を高めるにはしばらく時間がかかるでしょうが。

キンズレー●ワシントンにいますと、たとえば、エクソンモービルが『マスターピース・シアター』という教育的なTVドラマに出資する記念として豪華なパーティを開くといった話を、しょっちゅう聞かされました。そうしたパーティに出席してみてわかったことは、彼らは高潔な活動に一ドル出資するごとに、自分たちがいかにすばらしい活動をしているかを吹聴するために三ドルも使っているのです。

バフェット●私は数多くの組織の取締役会メンバーとして、慈善活動の力学とでも言うべきものを見てきました。そうした組織の一つに、私が終身理事を務めているアーバン・インスティテュートというシンクタンクがあります。実を言いますと、バークシャー・ハサウェイが株を所有している企業や、私が取締役を務めている企業、あるいはバークシャー・ハサウェイが大口の顧客となっている企業のCEOのところへ私が足を運べば、彼らはすぐにでも、アーバン・インスティテュートに五万ドルや十万ドルを寄付してくれるでしょう。つまり誰と誰がつながっているかを理解すること、すべてはそれに尽きるのです。私はかつて、アーバン・インスティテュートの同僚とコネについて話をしているときに、こう言いました。

「アーバン・インスティテュートがしている立派な活動をすべてリストアップし、それを他企業のCEOたちに見せて個人献金をお願いしたことがあるかね?」

するとこう言われました。

「そんな真似はするもんじゃない。個人じゃなくて企業にお金を出してもらえばいいんだから」

私はさまざまな企業の取締役会を経験しましたが、その多くが、取締役会のメンバーにいくらかの慈善寄付やマッチング寄付（社員の寄付額と同額を会社も寄付するというもの）などをやらせています。そしてすでにそれだけ寄付がおこなわれていたとしても、ビルが実際にファイザーなどの企業へ出向けば、かなりの影響を与えることができると思います。ビルは個人でかなりの金額を寄付しています。大した額です。みずから活動の現場に足を運んでいますし、この問題に通じてもいます。ビルならば企業に何らかの影響を与えることができるはずです。そんなことができる人間はそうはいません。

ゲイツ●私は、貧しい農民から多くの農産物を買って、食物の味をそこなわない微量栄養素を食物に添加する活動を支援しているネスレのような企業と、ただ小切手を切るだけの慈善活動をしている企業とをはっきり区別していますけれどね。エクソンモービルの社員が、実際に人気TVドラマの制作にかかわったり、原油関連のなんらかの目立った活動をおこなっていたりするのであれば、おそらくその社員も、独自の知識や経験に従ってそのような活動をしているのでしょう。

無償の行為によって影響力を手に入れることができる

キンズレー●ところで、私がマイクロソフト社の株主だったとして、あるいは株主ではないにしろ、あなたのもとへ行き、こう言ったとしたらどうでしょう。

「ビル、マイクロソフトは世界を改善するためにできる限りのことをしようとしていますが、そのアイデアの一部、いえおそらくそのほとんどが、収益につながりそうもありません。そんな方法をとるよりもむしろ、マイクロソフトの収益をあげるためにできる限りのことをし、そこで稼いだ資金を、世界を改善する最も効果的な方法だと思われる事業に、直接投資すればいいのではないでしょうか?」

ゲイツ●その考え方は誤っていると思います。一つには、世界じゅうのさまざまな国で得るものがあるからです。わが社の社員は、あちこちの国でボランティアとして、あるいは就業時間の一部を利用して、学校で教員の養成をおこなっていますし、その養成にわが社が助成金を出すこともあります。こうして無償のソフトウェアを寄贈したり、またさまざまな国がこうした活動を着実に受け入れてくれることによって、私たちは影響力というものを手に入れることができるのです。また一つには、「どうやったらうまくできるのか教えてください」と言ってくる、きわめて進取の気性に富んだ国々がたくさんあるからです。そうした国の人々を海外に出して、見学させることもできます。彼らは、どうやったらうまくできるのか、どこに落とし穴があるのかということに大変興味を持っています。

ご存知のとおり、お金ばかりが問題ではありません。専門知識も大切です。発展途上諸国には専門知識が大幅に不足しています。その点についてもマイクロソフトならば、豊かな世界の社員を通じて、もしくは、ある発展途上国から次の発展途上国へベストプラクティスを広めることによって莫大な影響を与えることができます。影響度を測るのはむずかしいことですがね。

金額的に見た場合、たとえこれらすべての活動を取りやめたとしても、こうした活動は社全体の事業からすればせいぜい二、三パーセントしか占めていません。比較的貧しい国においては、こうした活動が現地での事業の二〇パーセントを占めてしまう場合もありますが、いずれにせよ、それほど高くはありません。

キンズレー●そのような国でも二〇パーセントの見返りが得られるとお考えなのでしょうか?

ゲイツ●二〇パーセントにもなるのは、そうした国で初めて事業を立ち上げようとしているとき、かつ事業規模がきわめて小さいときです。そのような場合には、早々に政府との関係を築くことが重要になります。私がつい先頃までいたインドネシアの話をしますと、私たちは社の活動のうち一〇パーセント程度を、直接的な利潤追求ではなく、教育支援やコミュニティ・センターの手伝いにあてています。これには寄贈するソフトウェアの価格は含まれていません。それも含めたらもっと大きな数字になるのでしょうが、そのような数字に意味はない。寄贈するからこそ関連ソフトウェアの販路が開けるのですから。寄贈したことで儲けを逃したわけではありません。

バフェット●しかし企業は、多くの財団と同じように、地元に力を入れるでしょう。これは自然な傾向です。あのミネアポリスに本拠を置く企業グループがいい例で、ご存知のように同グループは何十年も前に発足しましたが、大企業に成長したあかつきには収益のかなりの部分を地元の活動に寄付すると確約していました。目標は五パーセントだったと思います。

ゲイツ●五パーセントですか？

バフェット●ええ、五パーセントです。

ゲイツ●グループの利益の五パーセントとなると……すごい額ですね。

キンズレー●創造的資本主義にはREDキャンペーンに代表される第三の形態があります。基本的に消費者は、ある製品の収益の一部が慈善事業に寄付されることを知っていると、多少価格が割増されていてもその製品を購入するようです。そこでウォーレンにお聞きしますが、この第三の形態はあまり合理的ではないのではありませんか？

バフェット●そうですね。この形態の活動はうまく機能しないと思います。オマハで局地的にトルネードが発生したとか、遠くで津波の被害があったとか、そういったことのために短期的に具体的なキャンペーンがおこなわれた場合には、それに応じるのは人道的なことであり、政治的にも正しいと言えます。しかし、そのような活動が長期的に持続するとは思えません。たとえば保険会社のGEICOが、みなさんの保険料の二パーセントを、世界中の人々を支援するために寄付することにしたと発表したらどうでしょう。その余分の二パーセントを払おうとする人はほんのわずかだと思います。残りの人々は、そのぶん保険料を下げて顧客に還元しろと言いだすでしょう。

ゲイツ●自動車保険については私も同意見です。しかし服を買うとなると話は別です。私の娘は、服を買うときに「このジューシー（訳注：カリフォルニアのアパレルブランド）のスウェットパンツは数年ですり切れ、ごわごわになりますか？」などと聞いたりはしません。娘は、親にお金を出してもらってまでジューシーの服を買うほど、このブランドに肩入れしているからです。RE

Dキャンペーンはそれほど受け入れられてはいませんが、これはすばらしい実験だと考えていますし、かなり楽観視しています。

REDキャンペーンの問題は、どんな製品を考え出せばアメリカの消費者がふだんから利用しているクレジットカードや服、携帯電話と同じように、消費者にブランド連想を作り出すことができるのかということです。新しい製品を考え出し、いつまでも飽きられないようにするには、きわめて高い創造力が必要です。RED製品には、それを使っていることが自慢に思えたり、格好いいと感じたりするようなブランド連想があるでしょうか？　それを作り上げるにはブランド戦略を担う人々の助けが必要ですが、答えはイエスだと思いますし、イエスであってほしいと思います。私は何も、製品すべてに、慈善活動にあてる二パーセントの寄付金を付加すべきだと主張しているわけではありません。

この活動が大々的な成功を収めたとしても、それは経済活動のほんの一部分にすぎないでしょう。この活動が何十億ドルもの利益を生み出すとは思いません。しかしこれは、目的を達成するための格好の手段でもあるのです。この活動により、それと結びついている慈善活動の認知度を高めることができます。理想を言えば、そのような慈善活動につながるボランティアや投票行為へと、人々を動かすことができればと思います。

バフェット●変動要因はほかにもたくさんありますが、REDキャンペーンに参加しているGAPの店内売り上げは毎月落ちています。確かに、以前から売り上げは落ちていましたが……持続的なキャンペーンを作り上げるのは大変だと思います。不可能だと言っているわけではありませんが、まだ成功のきざしは見えませんね。

キンズレー●この活動がいつか、一消費者としてのあなたの心に働きかけることはあるのでしょうか?

バフェット●いまのところはありませんね。

ゲイツ●いや、ウォーレンは一般的な消費者とは言えませんから。

バフェット●確かに私は一般的な消費者ではないでしょうね。

ゲイツ●何かを購入するさいに、どれほどブランドを意識するか考えてみてください。ゴルフボールを買うときはどうですか? 特定のブランドのボールを買うでしょう?

バフェット●もちろんブランドを買います。飛距離が出そうなボールをね。

キンズレー●それでは、ゴルフボールの価格の一部がエイズ基金にまわされるとしたら、どれくらいであれば飛距離がマイナスになってもかまいませんか？

バフェット●我慢できるのはせいぜい一ヤードか二ヤードでしょう。私は、大切なことについては何によらず妥協しませんから。

ゲイツ●ブランドの目的はブランド連想にあります。ブランドの目的がエイズ患者支援にかかわるものであったとしても、それは何も理不尽なことではありません。ＲＥＤキャンペーンはかつてない先駆的な活動です。これまではかなりうまくいっています。

キンズレー●もう一つ質問させてください。あなた方が世界を動かしていると仮定してみてください。その世界で、いままで述べてきたような創造的資本主義をおこないますか？　それとも、創造的資本主義よりもはるかに合理的な世界にしますか？　つまり「企業は効率を追求して製品を生産することに専念し、世界を動かしている私たちが、社会で何を実現すべきかを決めるべきだ。そして私たちみながお金を出し合って、それを実現していこう」という世界です。

バフェット●私なら独自の税制度を考案するでしょうが、あえて答えるなら、後者の合理的な世界にするでしょうね。

ゲイツ●私は、独自の問題解決能力を身につけた企業がいくつも現れるだろうと思います。

ところで、あなたの仮定はやや的はずれではないでしょうか。私たちが直面しているのは貧富の差の大きな世界ですが、その格差は、私たちが暮らしている国と関係しています。もし一人で世界を動かしているのであれば、国など関係ないはずですからね。

つまり現実の世界では、小さな技術革新が国と国のあいだに大きな格差を生み出すことがあるのです。そうした技術革新のなかには、「明らかに起こるべくして起こったのだ」と言われるものもありますが、実際には誰かが関心を抱いたからこそ起こったわけです。言葉をかえれば、人類の長い歴史のなかに資本主義経済があったからこそ、こうした技術革新が起こったのだと言えると思います。そしてこれから後も、この技術革新が生み出すものによって、私たちは数多くの問題に立ち向かっていくことができるのです。

第3部

経済の賢人たちが資本主義の未来を考える

アビジット・バネルジー	マサチューセッツ工科大学フォード・インターナショナル記念講座教授。専門は経済学
ゲーリー・ベッカー	シカゴ大学経済学・社会学教授。1992年にノーベル経済学賞を受賞
ジャグディーシュ・バグワティー	コロンビア大学経済学教授
マシュー・ビショップ	『エコノミスト』誌ビジネス担当チーフライター、米国ビジネス担当エディター
ウォーレン・バフェット	バークシャー・ハサウェイ会長兼最高経営責任者
カイル・ショーヴィン	ハーバード大学生。経済学・数学専攻
グレゴリー・クラーク	カリフォルニア大学デービス校経済学教授
クライヴ・クルック	『フィナンシャル・タイムズ』紙のワシントン担当コラムニスト
ジョシュ・ダニエル	ビル＆メリンダ・ゲイツ財団シニア・アドボカシー・オフィサー
マイケル・デイチ	ビル＆メリンダ・ゲイツ財団政策・政府関連担当ディレクター
ブラッドフォード・デロング	カリフォルニア大学バークレー校経済学教授。全米経済研究所（ＮＢＥＲ）研究員
エスター・デュフロ	マサチューセッツ工科大学（ＭＩＴ）ジャミール記念講座教授。専門は貧困撲滅・開発経済学
ウィリアム・イースタリー	ニューヨーク大学経済学教授。ブルッキングス研究所上級研究員
ジャスティン・フォックス	『タイム』誌ビジネス・経済担当コラムニスト
アレクサンダー・フリードマン	ビル＆メリンダ・ゲイツ財団最高財務責任者
ビル・ゲイツ	マイクロソフト社会長。ビル＆メリンダ・ゲイツ財団の創設者・会長
ロナルド・ギルソン	スタンフォード大学法科大学院、コロンビア大学法科大学院教授。専門は法学・経営学
エド・グレーザー	ハーバード大学経済学教授。トーブマン国家・地方行政センター所長
ティム・ハーフォード	『フィナンシャル・タイムズ』紙コラムニスト。著書『まっとうな経済学』（2006年）

マイケル・キンズレー	経済ジャーナリスト。『タイム』誌コラムニスト。『ロサンジェルス・タイムズ』紙の論説エディター、『エコノミスト』誌米国担当エディターなどを歴任。『ニューヨーカー』誌、『ワシントン・ポスト』紙などにも執筆
ナンシー・ケーン	ハーバード大学経営大学院教授。専門は経営学
マイケル・クレマー	ハーバード大学開発社会学教授
スティーヴン・ランズバーグ	ロチェスター大学経済学教授
ティエリー・ルフェーヴル	国際財務ソフトウェア企業で財務コンサルタントを務める
ロレッタ・マイケルズ	ＨＭＳワイヤレス共同設立者・共同経営者
マット・ミラー	米国進歩センター上級研究員
ポール・オーメロッド	ボルテラ・コンサルティング創設者社長
エドマンド・フェルプス	コロンビア大学政治経済学教授。2006年ノーベル経済学賞を受賞
リチャード・ポズナー	第７巡回控訴裁判所判事。シカゴ大学法科大学院上級講師
ジョン・クイギン	クイーンズランド大学経済・政治学教授
ロバート・ライシュ	カリフォルニア大学バークレー校公共政策教授、クリントン政権時代の労働長官
ジョン・レーマー	イエール大学教授。専門は政治学・経済学
ヴァーノン・スミス	チャップマン大学経済学・法学教授。2002年ノーベル経済学賞を受賞
エリザベス・スチュアート	ワシントンＤＣに本拠をおくオックスファム・インターナショナルの上級政策顧問
ローレンス・サマーズ	ハーバード大学経済学教授。クリントン政権時代に財務長官を務める。オバマ政権の国家経済会議委員長
デヴィッド・ヴォーゲル	カリフォルニア大学バークレー校ハース経営大学院教授
エリック・ワーカー	ハーバード大学経営大学院準教授
トレーシー・ウィリアムズ	ビル＆メリンダ・ゲイツ財団ポリシーアナリスト
マーティン・ウルフ	『フィナンシャル・タイムズ』紙経済担当主任解説員

従来の資本主義では埋められない大きな穴がある

経済ジャーナリスト
マイケル・キンズレー

第二次ブッシュ政権下でかつて大統領経済諮問委員会委員長を務めていたグレッグ・マンキューに、〝創造的資本主義〟にかんするこの討論への参加を求めたところ、マンキューは「そもそも資本主義は創造的なものだと思っていたよ」と答えた。したがって、まず言葉が問題なのかもしれない。〝創造的資本主義〟という言葉は、世界史上最も成功した資本家、ビル・ゲイツが作り出した言葉である。厳密にはそうでないかもしれないが、少なくともこの言葉を一般に広めたのはビルだろう。

しかしこの言葉は、資本主義に対する侮辱である。〝創造的〟資本主義と呼べるものがあるのなら、普通の資本主義は創造的ではないということなのか？

明らかにビル・ゲイツは、そんなつもりで言ったのではない。しかし、資本主義には改良の余地があると言おうとしているのは明らかである。具体的には、従来の資本主義を改良して新たな資本主義を作り出せば、現在の資本主義、慈善活動、政府活動のいずれもが適切に対応していない問題に対処することができるだろう、と言う。ビルは資本主義を、慈善活動や政府活動よりも優れた可能性を秘めたものと見なしている。なぜなら、資本主義には限界がないからだ。少なくとも現在の資本主義システムは、政府セクターや慈善セクターよりもはるかに巨大である。ビルによれば、両者ともに先の問題に対処するには規模が小さすぎるのだ。

しかし創造的資本主義は、本当に新しい資本主義なのか？　それとも、自由市場原理と何らかの関係がある提案を寄せ集めたものにすぎないのか？　たとえば、学校選択制、教育バウチャー（訳注：クーポンを支給することで、私立学校に通う家庭の学費負担を軽減し、学校選択の幅を広げようとする私学補助金政策）、チャーター・スクール（訳注：税補助を受けるが従来の公的な教育規制を受けない学校）などについて考えてみよう。これらの政策は、自由市場を利用して学校教育の質を上げようとしたものである。しかし、その基本原理は、資本主義的というより社会主義的だ。社会は、持てる者であれ持たざる者であれ、あらゆる人に適正な初等・中等教育を施す義務がある、という発想である。

〝制度〟としての資本主義は、いつでも容易に修正できる法規によって定められたものではない。それは、人間性に奥深く根差したところから有機的に成長してきた一種の取り決めである。ゆえにそれを修正するとなると、単に法規を変更するといった程度ではすまないだろう。

そこで問題となるのが、ビルはあのスピーチのなかで資本主義の性質そのものを変えていこうという話をしていたのか、それとも単に、資本主義的でない動機が必要となる活動について話をしていたのか、ということだ。ビルは、政府活動や慈善活動といった枠を越え、資本主義それ自体を世界の問題の解決に利用したいと言っている。しかし、ビルの具体的なアイデアの大半は、基本的に慈善である。最終的には富裕な人々の博愛心を頼りにしているが、その博愛心に限界がないわけではない。また政府、すなわち有権者の博愛心を頼りにしてもいるが、この博愛心にも限界がないわけではない。

自由市場資本主義の概念のなかには利己主義が組み込まれているため、そのような資本主義に利他的な役割を負わせることなど不可能ではないだろうか。そのため、ビルがスピーチのなかで〝評価〟という独創的な概念を持ち出したのが、きわめて印象的だった。評価は、利潤追求に代わり、資本主義的なインセンティブとなり得るものだ。資本主義の目的は利潤の最大化にあると考える人々にも訴える力がある。

しかし、ビル自身が述べているように、この評価という概念にはややあいまいな部分がある。評価というのは、実際に利潤追求に代わるものなのか、それとも単に利潤追求に至る別の手段にすぎないのか？　言い換えれば、企業が収益の一部を慈善行為にあてるべきだと考えるのは、株主が評価されること自体を強く望むからなのか、それとも、慈善行為をおこなう企業だと認められれば、その会社の製品をさらに多く買ってもらえるようになったり、一流の人材を確保しやすくなったりするなど、株主に利益をもたらすことになるからなのか？

どちらにしても、別の疑問が生じる。もし評価されたいという欲求が、利潤追求欲と同じように、誰もが持っている自然な力だとすると、過去数百年のあいだ、その欲求はどこに隠れていたのだろう? また、いまになってなぜ、この力を利用するような形で資本主義システムを修正しなければならないのか?

私が思うに、これは、合理的期待仮説(訳注:すべての市場参加者は真の経済モデルを完全に把握しており、知ることのできるすべての情報を合理的に利用して将来の予測をおこなうため、市場参加者が予測した値と実際の値は一致するという仮説)を信奉する経済学者にかんする古臭いジョークと原理はまったく同じである。ある経済学者が道端に十ドル札が落ちているのを見つけるが、拾わない。もしこの札が本物なら、とっくの昔に誰かが拾っているはずだから、これは偽物に違いないというジョークだ。評価がそれほど強い力を持っているのなら、すでに強い力として働いていてもいいはずである。

では、評価はブランド戦略にすぎないと考えたらどうだろう。確かに企業は、金儲け以外のことも大切に考えているという評判が立てば、それに付随して利益を得ることができる。しかしそうなると、矛盾した状況におちいってしまう。企業は、株主の利益を最大化するためではなく、別の目的に株主の出資金を使う。利潤の最大化を目標としていないという評判を受けることこそが利潤を最大化する最良の方法だからだ。しかしその結果、企業が実際に最大の利益をあげると、利潤の最大化を目標としていないという評判は不当なものとなり、つまりは詐欺を働いたことになってしまう。

創造的資本主義の前には〝企業責任〟と呼ばれるものが存在していた。これには二通りの考え方があった。右派的な考え方では、企業責任は〝株主の権利〟とも言い換えられ、一九八〇年代には、企業買収やレバレッジドバイアウトを正当化する概念だった。

企業責任にかんする左派的な考え方は、企業には、株主への責任に勝る責任があるというものである。〝利害関係者〟という概念はここから来ている。つまり、従業員、地元社会の構成員、そして、企業の行動により影響を受ける人々全員を含む集団である。企業はこれらすべての人に善をおこなう義務があるという考え方は、企業は地球上のあらゆる人に何らかの責任があるとみなす創造的資本主義の考え方に近く、その先駆をなしている。

しかし、その責任はどこから来ているのだろうか？　企業は利潤の最大化に専念し、資本主義は利潤最大化行動（すなわち〝欲望〟）を通して社会のために尽くし、政府や民間のボランティア団体は資本主義では埋められない穴を埋めていればそれでいい、というわけにいかないのはなぜなのか？

ビルの答えはこうだ。その穴が大きすぎるのである。穴というより深淵なのだ。問題があまりに大きすぎて、政府や民間の慈善団体では対処できない。民間の資本主義経済だけが、それに対処できる規模を備えている。しかし、それだけでは、資本主義経済がなぜこうした問題に取り組まなければならないのか、という説明にはならない。〝評価〟は、その理由を説明しようとする一つの優れた試みである。というのも、評価という考え方は、よく知られている資本主義の仕組みにぴったり適合するからだ。

ビルはスピーチのなかで、現在おこなわれている創造的資本主義の具体例を五つ挙げているが、それぞれに課題がある。

一、**企業による純然たる慈善行為。企業は商品や現金を、それらを切実に求めている人々に寄付する。**これに反対する主な理由は、企業経営者には株主の出資金を寄付する権利はないからである。自由市場を信奉している人々であれば、個人が自分の財産を自由に使用する権利を否定するものだと言うであろう。それに、どのみち〝評価〟されるのは、株主ではなく企業経営者である。他人の財産を操って評価されたメディチ家やロックフェラー家がいい例である。そのような不満をどう解消するのか？　企業の方針が明らかであれば、それに反対する人は最初から株を買わなければいい。しかし、もっといい解決策があるのではないだろうか？

二、**貧しい国々に存在してはいるが十分に活用されていない市場の開拓。**将来的には、貧しい国々の企業が先進国に製品を売り込む方法の開拓も含まれる。ということは、いまだ手はつけられていないが、儲かる事業があるということだ。その事業がいまだ手つかずなのは、ビルによれば「十分な時間をかけてそのニーズや限界を研究していない」からだという。

問題は、なぜ手つかずなのか、ということだ。儲かる事業がすぐ目の前にあるのに、誰も手を出そうとしない。なぜだろう？　人種差別をしているから？　そこまで考えようとしなかったから？　保護貿易主義のため？　もしそうなら、創造的資本主義を実践するのは実に簡単である。これに反対する人間がいるとは思えない。しかしそうでないとしたら、「そんなに簡単にいくはずがない、それほど簡単ならすでに誰かがやっているだろう」と反対するに違いない。あるいは、このような市場を見つけて開拓していくには、不相応に元手がかかるため、たとえ最終的にはその努力が報われるとしても、従来の資本主義のもとではこうした市場開拓を正当化することはできないのかもしれない。この場合には、株主の出資金を使って慈善事業をおこなうことをどう正当化すればいいのか、という先の問題に立ち返ることになる。

三、**〝段階的価格設定〟**。つまり、貧しい世界において、先進諸国で販売されている価格よりもはるかに安い価格で製品を販売することである。こうした行為を正当化しやすい製品というものがある。医薬品やソフトウェアなど〝ニューエコノミー〟の製品は、一般的に開発費がきわめて高く、製造費はきわめて安い。最初に薬を作り上げるのに十億ドルかかるかもしれないが、それを二個、三個と製造するにはほんのわずかな費用しかかからない。こうした製品に妥当な価格を設定するのは、不可能ではないかと思うほどむずかしい。大学の経済学の基礎講座で教えてもらったように、限界費用で価格を設定すると、開発費を回収することができなくなる。消費者が限界費用以上の価格を受け入れたとしても、開発費を回収できそうな高額な価格を設定すると、そこまで支払うことができる消費者は限られてしまい、多額の金額を回収しそこなう。また、その薬を切実に必要としている人々にまで行きわたらないことにもなる。

〝段階的価格設定〟という言葉は、価格差別をていよく言いかえたものにすぎない。一般的に価格差別は非難の対象になる。理論的には、競争市場で価格差別はあり得ない。競争市場では、限界費用以上の価格を設定できる売り手はいないからである。しかし現実には価格差別は存在している。カナダでは、処方薬の価格が高価にならないよう政府が規制しているため、同じ製薬会社の薬でも、アメリカよりもかなり安価で販売されている。

すでに限界費用に近い価格で販売されていると考えられる製品を、もっと安い価格で販売しなければならないとなると、例一で取り上げたあの疑問が再び頭に浮かんでくる。原価割れによる赤字を埋めるために株主の出資金を使うことをどう正当化すればいいのか？　しかも、そのような価格設定のどこが〝創造的〟なのか（ついでに言えば、どこが〝資本主義〟なのか）？　そうなると、もうたんなる慈善行為ではないだろうか？

四、**企業が貧しい人々や貧しい国々を助けることができるような市場インセンティブを、政府が作り出すこと。**たとえば、貧しい国々には、先進国ではもはや見られなくなった病気が蔓延している。製薬会社は、そのような病気の治療薬を開発するごとに、また別の新薬を食品医薬品局に迅速に審査してもらうことができる。

これは実に問題の多い施策である。どうしてほかの新薬を迅速に審査する必要があるのか？　食品医薬品局の審査を待っている新薬がたまりにたまっているからなのか？　もしそうなら、とるべき措置は間違いなく次のどちらかであろう。

(ア)審査待ちのまま放置されている薬はたくさんある。見過ごされてきた病気の治療薬を開発した会社がたまたま作り上げた新薬よりも、なるべく多くの人のためになりそうな新薬を〝迅速〟に処理できるよう審査の優先順位を見直す。

(イ)新たに開発された新薬を誰もができるだけ早く利用できるよう、食品医薬品局の処理能力を高める。

あるいは、食品医薬品局の新薬承認プロセスで、リスクを嫌うあまり慎重になりすぎていることが問題なのであれば、それを改善するのではなくそのプロセスに無関係な例外を設けるというのは、おかしな話ではないだろうか？　また、食品医薬品局の承認プロセスに特におかしな点がないのであれば、〝迅速〟に審査するということは、安全基準を下げることになりはしないか？いずれにせよこの例は、政府が食品医薬品局の処理能力のなさを利用して、新薬の製造を強要しているかのように見える。

五、**ボノ・モデル**。立派な運動（ボノのＲＥＤキャンペーンなど）に参画している製品の認知度に対してプレミア価格をつけ、その割増分の収益を、世界の貧しい人々を支援するプロジェクトのために使用する、というものである。悪しき反トラスト法の時代ならば、〝抱き合わせ販売〟と呼ばれたことだろう。ある製品を買わせるために別の製品を買わせるという方法は、かつて独占を促すものと考えられた。現在ではあまりこうした考え方はされないが、それでも疑問は生じる。具体的には、この場合顧客に認知度を販売していることになるが、その認知度を高めるために、広告や宣伝にどれだけの費用をかけているのか？　キャンペーンの運営にどれだけの費用をかけているのか？　運動に参加している企業経営者の自己満足のためにどれだけの費用をかけているのか？　そのすべての費用を差し引いたとき、世界の貧しい人々を支援するプログラムに使える資金はいくら残っているのか？　そして最後に、資金が正しく使われるようにするために、どのような管理や統制がおこなわれるのか？

創造的資本主義に対する根本的な疑問は次のとおりである。なぜ、ビル・ゲイツがいま主張している創造的資本主義ではなく、従来の資本主義でビルがやってきたことを継続していってはいけないのか？　つまり、どうして資本主義は、資本主義本来の使命を果たしていてはいけないのか？　資本主義は、一部の人たちを裕福にし、人間の欲望を公益のために利用することによってさらに多くの人の生活を潤し、財産を生み出す。財産がたまればいずれ寄付することもできるし、実際に寄付されもするだろう。なぜそれではいけないのか？

それに対する一つの答えが、あの十ドル札のジョークにあるのではないだろうか。おそらく道端には、あの経済学者の思いとは裏腹に本物の十ドル札が落ちていたのだ。資本主義は進化している。人間は新たな発見を続けている。テクノロジーにかんする発見や医学的な発見ばかりではない。たとえば評価というものが、自由市場システムのインセンティブとして潜在的な力を備えており、利用される機会を待っている、ということも十分考えられる。単に、いままで誰も気づかなかっただけなのかもしれない。そうではないだろうか？

政府の機能不全を企業が正せ

ハーバード大学経済学教授
エド・グレーザー

民間企業の経営者たちがいま、「世界各地に存在する貧困を撲滅するべきである」と積極的に訴えているのは、これまでに大きな失敗が二つあったからである。第一の失敗は、ビル・ゲイツ氏が指摘しているように、自由放任の資本主義はこれまでに多くの奇跡を成し遂げたものの、特に社会的不平等の是正を目標にしてこなかった、ということである。一般的に民間企業では、貧しい人々のニーズに応じようとするインセンティブよりも、裕福な人々のニーズに応じようとするインセンティブのほうが高い。労働市場は、読み書きや計算のできない人々よりも、技能のある人々を優遇する。長期的には、民間の教育セクターが自由な取り組みをおこなっていけば、世界各地で人材を育成することはできるかもしれない。だが、アフリカの子供たちがスウェーデンの子供たちと同等の教育を受けるようになるまでに、きっと数百年かかるだろう。

創造的資本主義が主張される要因ともいえる第二の失敗とは、政府の失敗である。世界の大半の政府が、国民の教育と医療に対し責任を負っている。しかし、世界のほとんどの地域で、政府はみじめにもこの責任を果たすことに失敗してきた。サハラ以南のアフリカにおける経済活動が惨憺たる様相を呈しているのは、グローバル化の結果というよりは、権力者が国の資源を私物化し、国家主導で不正をおこなっているからだ。先進諸国の納税者のポケットから第三世界の学校や病院へ行くはずの多額の開発支援金が、途中で行方不明になってしまうというのは、よくある話だ。概して有能な、善意ある欧米の政府でさえ、第三世界の政府にまつわる厄介な問題を解決する策もなければ、解決しようとする気もないのである。

だからこそ私は、この創造的資本主義が約束していることに期待している。民間の社会起業家が、少なくともある程度は、公共セクターでは埋められない穴を埋めてくれるかもしれないからである。発展途上諸国では特にそうだ。ただし、それを最も効果的に実践していくためには、創造的資本家は、公共セクターの能力に応じてその穴を埋める方法を変えていく必要がある。

政府が十全に機能し、豊かに繁栄している国では、民間セクターは創意工夫の才を発揮して、最大の効果をあげることができる。

たとえば、アメリカの国立衛生研究所は、あらゆる政府機関のなかでも著しい成果をあげている機関の一例だが、民間の慈善団体もまた、それに劣らない新たな医療プロジェクト案を豊富に持っている。というのは、政府のお役所仕事では手の出せないリスクの高いプロジェクトであっても、創造的資本家であればそのリスクを冒すことができるからだ。政府は、税金の無駄遣いを抑制する法律によって活動を制限されてしまっている。

これに対し、政府の力が弱い国では、政府が本来果たすべき機能を創造的資本家が肩代わりすることにより、最大の効果をあげることができる。こうした活動において、史上最も著名な慈善家と言えるのがハーバート・フーヴァーである。裕福な技師であったフーヴァーは、第一次世界大戦中、飢餓に苦しむベルギーに食糧援助する運動を展開した。戦後には、一千万のソ連の民衆に食糧援助する救援活動を指揮した。フーヴァーのこうした活動には、アメリカ政府がまったくかかわっていないわけではなかった（アメリカ議会が気前よく認めてくれたからこそできたことであった）が、援助にさいしてフーヴァーは、レーニン革命政府があいだに入ることなく、直接ソ連の民衆を援助できるよう要求した。こうしてフーヴァー率いるアメリカ救済局は、機能不全のレーニン革命政府の代役を果たしたのである。

歴史に名をとどめる慈善活動を見てみると、同じような政府の機能不全に対処するため、創造的資本家が手を差しのべているケースが頻繁に見受けられる。二十世紀の初め、アメリカでは多くの地方政府が公衆衛生の向上を目指し、先を争うように上水道を整備した。当然、黒人の多い南部は遅れをとった。そこでジョン・D・ロックフェラーが私財を投じ、啓蒙キャンペーンをおこなって、南部から十二指腸虫をほぼ一掃したのである。同様に、一部の貧しい国々では、複数の宗教団体が何世紀にもわたり現地の人々に教育を施し、不足する公教育の代わりを務めているといった例もある。

汚職にまみれた政府でも、創造的資本家が手を差しのべる機会はある。公的な政府援助、あるいは世界銀行からの援助は、公的なルートを経ておこなわれることになっている。それなのに、そうした援助のほとんどが、貧しい人々にまで到達することはない。しかし創造的資本家であれば、前述のフーヴァーのように、不当に援助を私物化しようとする政府を介さないよう要求することも可能なのである。

また、公的な使命を帯びた民間グループのおかげで、政府の質が改善される場合もある。説明責任や情報公開、民主主義を求める民間の社会集団の目的は政府の質の向上にある。たとえばポーランドの場合、解放の立役者となったのは、ポーランド国内の自主管理労働組合『連帯』と国外のカトリック教会であった。アメリカでも、民間の慈善家の活動が、地方政府の行きすぎを効果的に抑えていることが多い。

創造的資本主義を最も効果的に実践していくためにまず必要なのは、世界には、企業が利潤の最大化を目指しているだけでは解決できない問題があるという事実を認識することだ。しかし、それ以上に認識しておかなければならないのは、特に発展途上諸国において、公共セクターが深刻な機能不全におちいっているという事実である。創造的資本家が手持ちの資産を利用して自主的な活動をおこなっていけば、少なくともこれらの機能不全を是正することはできるかもしれない。

貧しい人々が自分のことを自分で決めてはいけないのか?

カリフォルニア大学経済学教授
グレゴリー・クラーク

ビル・ゲイツのスピーチの主旨は二つある。第一に、利益インセンティブだけでは、ワクチンなど、第三世界の貧しい人々が必要としている製品を供給することはできない。第二に、この問題を解決するのは、政府活動でもなければ、民間の慈善活動でもない。両者が対処するにはニーズが大きすぎる。その代わりに必要となるのが企業活動である。

しかし、善意あふれるビル・ゲイツには申し訳ないが、私はこの二つの命題に異議を唱えなければならない。

一、マイケル・キンズレーが指摘しているとおり、現代資本主義には概して、研究費や開発費、生産設備費などの固定費は高いが生産費は低いという特徴がある。コンピュータやソフトウェア、医薬品、航空機などを考えてみればわかる。しかし実はこうした生産構造は、多くの場合、第三世界の消費者に有利に働く。

確かに彼らには購買力がない。しかし上記の製品は、所得の高い国々でいったん開発されてしまえば、ほとんどコストをかけることなく第三世界に出荷することができる。製品自体の製造には、ほとんど費用がかからないからだ。こうして、貧しい人々にも供給されるようになる。

問題となるのは、第三世界の人々が望む製品と、富裕な国々の消費者が望む製品とが異なる場合だけである。ビル・ゲイツは、そのような製品があることを事例を挙げて説明している。マラリア・ワクチンはその顕著な例である。しかし実際には、こうした製品はさほど多くない。衣服、自動車、携帯電話、電子機器、コンピュータ、娯楽品など、どのような種類のものであれ、貧しい人々が買う製品は、裕福な人々が買う製品とほぼ一致しているため、ほとんど問題はない。利己的資本主義により十分に供給されている。

携帯電話がいい例だ。携帯電話はすでにアフリカをも席巻している。一日に二ドルしか収入がない人々にも、安価なサービスを提供しているのである。

したがって、たとえばGM、インテル、ボーイング、モンサント、ウォルマート、ユニバーサル・ピクチャーズ、コカ・コーラなどといった多くの企業に対しては、第三世界への慈善活動を呼びかける必要はないのである。こうした企業に、まだ世界の貧しい人々に供給していないものを作り出す余地があるだろうか?

医薬品など、豊かな世界と貧しい世界のあいだで消費傾向が一致しない分野では、民間の慈善団体のほうがより適切に問題に対処してくれるだろう。その活動には、アメリカ経済のいかなるセクターで稼いだ資金も利用できる。第三世界のテクノロジー市場にアメリカ企業を招致したとしても、その専門知識を提供できる環境がととのっていなければ、単なる資金の無駄である。

二、ゲイツの提案にかんする第二の問題は、アフリカの貧しい人々は何がいちばん自分たちのためになるのか知らない、という前提に立っていることだ。ゲイツは、貧しい人々のために何をすればいいのか、本人たちよりもアメリカ実業界のほうが優れた判断ができると考えている。

たとえば、採算が取れないために生産中止になった薬の問題がある。ある病気が貧しい国に蔓延していたとしても、アメリカでは少数の人しか罹患していない場合、その病気の薬は生産されない可能性が高い。貧しい国の住民には十分な所得がないため、薬の研究や開発を継続することができないからだ。しかしこの場合、アメリカ企業が直接貧しい人々に寄付金を与えてはいけないのだろうか？　そうすれば、貧しい人々は、自分たちに寄付された金をどう使うか、自分で選択することができるのではないか。ワクチンに使用してもいいが、本人たちが希望するなら、携帯電話や食料、あるいはビールを買うこともできるだろう。

マラリア・ワクチンを新たに開発するのに一億ドルかかるとしよう。アメリカの製薬会社がワクチンを開発する代わりに、アフリカの貧しい人々に直接一億ドルを与えたとしたらどうだろう。貧しい人々が、ワクチンの開発こそ最優先事項だと考えれば、一億ドルを寄付したことによって現地のワクチン需要が高まる。その需要が購買力に支えられている限り、アメリカでのワクチン製造は正当化される。しかし、アフリカの貧しい人々がほかのものを優先すれば、ワクチン以外に一億ドルが使用され、それで貧しい人々の生活が潤うことになるだろう。

私は、第三世界の貧しい人々が一億ドルから各自の取り分を受け取ったら、ワクチン接種よりも、住宅や食料など、もっと差し迫って必要なものにその金を使うだろうと思う。いずれにせよ、需要を分析することなくただちに製造するよう企業に呼びかけるのは、需要の有無を決めるのはアメリカの企業に任せろと言っているようなものだ。アメリカ企業が貧しい人々になり代わって需要を判断するには、もっと説得力のある理由が必要である。

三、ゲイツの提案にかんする第三の問題は、莫大な利益が存在するセクターでしか創造的資本主義を実現できない、ということである（そのようなセクターは、第三世界で必要とされているセクターと偶然にも一致する）。現代の航空産業など競争の激しい業界では、貧しい人々のニーズに応えられるだけの余剰利益はない。こうした企業が利潤を最大化しなければならないのは、ただ事業を継続していくためである。アメリカン航空など、自社が生き残れるかどうか苦闘しているというのに、第三世界の貧しい人々が生き残れるよう支援している余裕はない。
残念ながら私の結論はこうである。世界の貧しい人々を支援する方法としては、企業の積極的な行動に期待するよりも民間の慈善団体に任せたほうがいい。

貧しい人々を支援するのは従来の資本主義に任せよ

ウィリアム・イースタリー
ニューヨーク大学経済学教授。
ブルッキングス研究所上級研究員

ビル・ゲイツは二つの重要な点において思い違いをしている。第一に、従来の資本主義に対する非難に誤りがある。第二に、企業による慈善活動を過大評価している。

非難に誤りがあるというのは、従来の資本主義では貧しい人々を救うことはできないと言っている点である。確かに企業の場合、貧しい人々のニーズに応えようとするインセンティブよりも、裕福な人々のニーズに応えようとするインセンティブのほうがはるかに高い。しかしゲイツ氏は忘れている。企業は、裕福な人々のさらなるニーズに応えるために生産を拡大しようとするとき、多くの非熟練労働者を雇い入れる。それによって貧しい人々の収入を上げることができるのである。

裕福な人々の需要を満たすため、企業が機械設備に投資して生産量を上げれば、労働者の生産力も上がり、貧しい人々の賃金をさらに上げることができる。さらに企業には、機械設備および労働者の生産力を高めるため、絶えず新たなテクノロジーを開発しようとするインセンティブがある。これもまた、貧しい人々の賃金を上げることにつながる。

情報革命について考えてみてほしい。情報革命のおかげで、今日の工場では以前に比べてずっと能率的に作業ができるようになった。つまり情報革命は、機械設備および労働者の生産力を高めたのである。あるいは、歴史的な事例を見るなら、流れ作業はどうだろう。この新たな生産技術は、機械設備および労働者を配置し直しただけのものだが、それにより両者の生産力は高まった。アメリカには、従来の資本主義が持つこうした力により、非熟練労働者の賃金が徐々に上昇し、貧困率が劇的に低下してきた歴史がある。過去三十年のあいだに世界の貧困率が半分になったのも、同じ力によるものだ。

貧困率の低下する速度が遅い、世界における貧富の格差がいまだに大きすぎる、といったことに我慢できないゲイツの気持ちはわかる。従来の資本主義よりも効果的なシステムがあれば（実際のところ私は知らないのだが）、私は喜んでそのシステムの擁護キャンペーンに参加するだろう。

しかし、ビル・ゲイツの創造的資本主義はそのようなシステムではない。企業による慈善活動を推奨している点については賛成だが、ゲイツ氏が暗に主張していることのなかには、よく考察してみると納得できない点が二つある。第一に、企業による慈善活動は、世界の貧困を減らすことができるくらいの大々的な規模でおこなうことができるはずだという点、第二に、企業による慈善活動は、貧しい人々のニーズを満たす手段として効果的かつ効率的だという点である。

第一の主張について見てみよう。ハドソン研究所によれば、二〇〇六年に発展途上諸国に対しアメリカ企業がおこなった支援は、およそ五十五億ドルである。いっぽう、二〇〇六年のアメリカのGDP（国内総生産）は十三兆四千億ドルである。報酬として〝評価〟を与えるというゲイツのアイデアにより、支援額を五十五億ドル以上に増やすことができるかもしれないが、最新の調査結果を見るかぎり、企業は、生産量から見て寄付の金額が少なすぎると思われる場合であっても、すでに十分な評価を得ているようである。

ビル・ゲイツの説得力あるスピーチをもってしても、近い将来、この状況が劇的に変化するとは思えない。私たちの期待とは裏腹に、いくら道義心に訴えかけた慈善を勧めてみても、大半の人の行動に与える影響はごく限られている。

そもそも、企業による支援額が急増したとしても、それが貧しい人々のニーズを満たすことにつながるだろうか？　結局慈善活動は、これまで対外援助につきまとってきたあの問題に直面することになる。つまり、支援とその影響にかかわる問題である。〝評価〟というものが多少は意味のあることだとしても、企業が受けるのは、その支援自体に対する評価であり、支援が貧しい人々に与えた影響に対する評価ではない。その影響がわかるのはかなり後のことであり、〝評価〟を与える人々は、多くの場合その影響を知らないからである。

大切なのは、こつこつ研究を重ね、貧しい人々が何を望み、何を必要としているのかを理解すること、また、現地の状況下でそれらのニーズを満たすことである。慈善活動をする企業がこうしたむずかしい問題を解決しようとするさいには、みずからの企業を成功に導いた経営技術を利用するといいだろう。しかし残念ながら、これまでの私の経験では、企業の社会的責任（CSR）を担当する部署というものは、往々にしてCSRのために特に雇い入れた実践的でない人たちで占められている。自社出身で、なおかつ経営経験を持った人間などCSRには一人もいない。これは、CSRを担当する部署では、貧しい人々のために有意義な成果を出そうとするよりも、企業のPRをしようとするインセンティブのほうが高い、という一般的な意見とぴったり一致する（PRさえうまくできれば、ゲイツ氏の言う〝評価〟を得ることはできる）。

しかしなぜこれではいけないのか？　どのような経済システムを選ぶべきかといった政治談議は、豊かな国であれ貧しい国であれ、世界の至るところでいまだにおこなわれている。ゲイツ氏のスピーチは、歴史的に見て貧困の軽減に最も貢献してきた従来の資本主義システムを攻撃し、いまだ検証されていない納得しがたい代替システム、利己主義と利他主義を混ぜ合わせた架空の第三の道を勧めている。このような主張により、対外支援に携わってきた役人が働く機会は増えるかもしれない。いまや彼らは、企業のCSR担当として働くことも、世界銀行で働くこともできる。しかし、貧しい労働者の働く機会は減るだろう。なぜなら真の資本主義が、政治的な非難を浴びて衰退していくと考えられるからである。

企業の悪行をまず減らせ

ロチェスター大学経済学教授
スティーヴン・ランズバーグ

ビル・ゲイツの話は以下の二点に集約できる。（一）資本主義はよい。（二）異なる種類の資本主義があればなおよい。私はこの二点に同意するが、〝異なる〟という語と〝なおよい〟という語の意味をさらにはっきりさせておきたいと思う。

私の理解では、最終的な目標は貧困を根絶することにある。単に、貧困がもたらす最悪の被害を軽減するというだけではない。貧困を根絶するためには、賃金を上げなければならない。賃金を上げるためには、労働者の生産力を高めなければならない。先のウィリアム・イースタリーが述べているように、労働者の生産力を高めるには、機械設備の生産力を高める必要がある。そこで資本主義の出番となる。資本主義なしで貧困を終わらせることはできない（実際、資本主義以前、もっと正確に言えば産業革命以前は、全世界が貧しかった）。

労働者の生産力を高めるには、優れた医療と教育も必要である。こうした分野は、通常の市場原理の枠を越えて大いに役立つことがあるかもしれないし、ないかもしれない。実際にやってみなければわからないのだ。

そこで、貧困根絶に対する最終結論はこうである。資本主義は不可欠である。医療・教育対策は役に立つ可能性がある。しかし、創造的資本主義のせいで資本の蓄積が妨げられるとすれば、そのときには間違いなく逆効果となろう。

創造的であろうとするなら、この落とし穴を肝に銘じておくべきである。企業は多くの善をおこなっているが、貿易制限を議員に陳情したり、法制度を利用してほかの企業が新機軸を打ち出すのを阻止したりするなど、多くの悪もおこなっている（特に貿易制限は、西洋の貧しい人々にも世界の貧しい人々にも被害をもたらす傾向がある）。企業に対し、いま以上に善をおこなうよう奨励すれば（慈善などの形で）、企業の主な活動を減じることになるが、悪行を減らすよう奨励すれば、企業の主な活動を促進することになる。

大手穀物会社アーチャー・ダニエルズ・ミッドランドが創造的であろうとするなら、ロビー活動を担当している部門を廃止し、砂糖の輸入制限を終わらせるべきだ。石油会社が創造的であろうとするなら、原則的に海底油田の採掘のための助成金を受け取らないようにすべきだ。自動車産業や鉄鋼産業が創造的であろうとするなら、もう関税などの保護政策を陳情しないようにすべきである。

こうした変革をもたらすにはどうすればいいのか？　これらの企業にこれまで以上に慈善活動に携わってもらうにはどうすればいいのか？　私にはわからない。いずれにしても、ある程度の創造性は必要だ。その創造性がいくらかでも、市場を回避する方向ではなく、市場をより効果的に機能させる方向へ向けられるよう願いたい。

ミルトン・フリードマンの冷たい見解を乗り越えよう

ハーバード大学経済学教授
エド・グレーザー

ミルトン・フリードマンの『企業の社会的責任』はすばらしい論文である。これを読むと、企業を擬人化し、独立した主体とみなす風潮が誤りであることに気づかされる。企業は株主の代理である。その主な義務は、株主を裕福にすることにある。企業のトップが株主の出資金を勝手に使い、自分の好きな社会活動を支援すれば、株主から慈善対象を決定する権利を奪い、ひいては投資家の資金で名声を得ていることになる。

私は、フリードマンの論文の基本的な趣旨には大いに賛成である。企業は、何よりも株主への責任というものに注意を払うべきだ。しかし、フリードマンの理論一点張りの冷めた見解には困惑してしまう。実際に従業員を、投資家のためだけに働かせることなどできるわけがない。私たちはみな、生活においても仕事においても、何らかの高い目標を持っていると考えたがるものだ。たとえその目標が、他人に自慢できる精巧な車を組み立てたり、仕事仲間に親切にしたりすることだけだったとしてもだ。

確かに、自分を陰で支えている後援者を裕福にすることにも価値はあるが、多くの人は、それが本当に、この世に生きるわずかな時間を賭けるに値する目標なのかと疑念を抱くのではないだろうか。

生活や仕事に意味を求めるというのは、一種の贅沢である。しかし、裕福になるにつれ、しだいに生活や仕事の意味が重要になってきたのではないだろうか。私の祖父が感じていた仕事の意味、私の祖父が必要としていた仕事の意味とは、家族を養い、子供たちを大学に行かせるだけの金を稼ぐこと、ただそれだけだった。ところが現在では、ハーバード大学の私の教え子たちはたいてい、給料がよく、なおかつ働きがいのある職場を求めている。創造的資本主義によって、企業が社会的に価値のある仕事をしていると世間に思わせることができれば、こうした学生の興味を引くこともできるだろう。企業の社会的責任と言われるもののなかには、良質の労働者を引きつけるなど株主のためになることが多い。しかし、そうした利益にとらわれすぎていては、慈善の意識をそこなうことになろう。

二年前、リサイクルド・ペーパー・グリーティングズ社（訳注：再生紙を利用したアメリカのグリーティングカード会社）の創設者の一人マイケル・カイザーが、シカゴ大学で講演をした。社が創設されたのは、社会意識が高まりつつある一九七一年であり、創設者たちは、自社の環境保護意識に消費者が魅力を感じるはずだと期待していた。ところが、消費者はカードの紙が再生紙であることには関心を示さず、その結果同社は他社とのきびしい競争を迫られた。

だが、その環境保護活動は別の利益をもたらした。高い目標を持つ企業で働きたいと願う人々が集まってきたのだ。リサイクルド・ペーパー・グリーティングズ社は、環境保護意識を守り抜くことにより、献身的な従業員を確保することができたのである。

大学や財団、病院で働いている人ならわかるだろうが、非営利セクターで働く利点は、営利セクターで働くよりも世の中の役に立っていると実感できることである。確かに金で人を動かすことはできるが、別の理想を掲げることによっても人を動かすことはできるのだ。純粋に金目当ての集まりにすぎなかった兵士たちが、名誉と愛国心に身を捧げる軍隊に生まれ変わるように、金儲けだけにとどまらないさまざまな目的を掲げる企業が増えてくれることを、私は期待してやまない。

これは何も、フリードマンの主張を否定するものではない。現行の契約法のもとでは、営利目的の企業は、株主に対し〝受託者の義務〟（訳注：株主から経営を委託された経営者が、株主の利益を最大化するよう企業を経営していく義務）を負い、その義務によって、法律的にも道徳的にも強く拘束される。ということは、多くの企業が〝創造的〟であろうとするなら、新たな契約の形を考え出す必要がある。それは、株主のための金儲けだけにとどまらない活動をしようとしている企業のことまで考慮に入れた契約形式である。

たとえば、企業は議決権のある二種類の株式を必ず持つことができることとし、その一方を投資家に、もう一方を労働者に発行する。こうしたシステムであれば、企業に課せられる法律上の義務は、投資家にしかるべき利益を還元すること、そして、慈善活動をしたいという労働者株主の欲求を満たすこと、ということになろう。このように責任を二重化すると、利潤の最大化のみを追求している場合に比べ、確かに運営が面倒になるが、労働者株主の権利を法的に明確に定めておけば、フリードマンが慈善活動に反対する理由の多くは解消されるはずだ。結局株主たちは、自分が、利益追求しか頭にない企業に投資しているわけではないことがわかるからだ。

創造的資本主義は、従来の企業構造に対する課題を提示しているが、その課題を乗り越えることは可能だ。ただ、ほんの少し創造性が必要なだけである。

対外支援は、改革を求める力を弱めるだけだ

第七巡回控訴裁判所判事
リチャード・ポズナー

ゲイツ、バフェット、キンズレー、そして（これにはやや驚いたが）グレーザー教授が称賛する〝創造的資本主義〟に対し、私は不信感を抱かずにはいられない。企業による大々的な慈善活動の実施、資本主義の恩恵を最も受けてきた人物たちによる資本主義批判、〝創造的資本主義〟の支持者たちがしばしば口にする陳腐な言葉の数々（『世界はよくなりつつある。しかし私は、その進歩の速度には満足していない。それに、誰の目から見ても世界がよくなりつつあるというわけでもない』『今日の奇跡的な技術革新は、それを購入することができる人々にのみ恩恵をもたらしている』『経済的需要というのは、経済的ニーズと同じではない』）、〝創造的資本主義〟という言葉自体のあいまいさ、こうしたことすべてに私は違和感を感じる。

企業経営者には、企業収益を最大化するという〝受託者の義務〟がある。だからといって、企業が慈善活動をしてはいけないということではない。ただし、利潤の最大化というコンテクスト

のなかで〝慈善〟という言葉が使われると、誤解を招くおそれがある。

企業は長いあいだ慈善寄付をおこなってきたが、それはまさしく利潤の最大化という観点からおこなわれてきたはずだ。政治家や利益団体の機嫌をとり、潜在的な顧客に対して自己宣伝し、善意を広め、飽くなき欲望を押し隠し、批判をかわすためである。これを〝PR慈善活動〟と名づけることにする。アメリカでは、経済的不平等が進み、とりわけ信じられないほど裕福な実業家層が出現したことにより、PR慈善活動に参加しなければならないというプレッシャーが増大してきている。

また、グローバル化が進むにつれ、利潤を最大化するために企業がこれまでとは異なる慈善活動を展開しようとするインセンティブも増大している。将来貧しい国々において自社製品の需要を作り出すために慈善寄付をおこなうのである。これを〝活性化慈善活動〟と名づけることにする。

これは、ネットワーク外部性のある製品、つまり電話などのように多くの人が利用すればするほどその価値が増す製品の場合には、特に重要である。市場に一番乗りできれば、ほかのライバル会社がどうあがいても追いつけないほど有利な地歩を築くことができるからだ。多くの人がウィンドウズを使用すればするほど、使用していない人々にとってもウィンドウズは価値あるものとなる。そしていったんウィンドウズのとりこになれば、マイクロソフト・オフィスなど、マイクロソフトのアプリケーション・プログラムを購入するようになる。オペレーティング・システムの限界費用はほとんどゼロであるため、それを無償で提供したとしよう。その結果、そのシステム上で動くアプリケーション・プログラムの売り上げが伸び、ネットワーク効果が生み出されるのであれば、この無償供与は利潤最大化行動と言える。同時に、それを慈善行為として宣伝することもできる。

利潤の最大化を目標とせずに慈善寄付をおこなう企業は、株主との約束を破るだけではない。利潤の最大化のみを追求する企業と競争していく力を弱めることにもなる。〝創造的資本主義〟運動は、この点をあいまいなままにしている。

ゲイツは、利益を返上することがよい結果につながると言っているように見える。利益至上主義の企業が理想主義的な若い労働者を確保するにはそれ相応の賃金が必要となるが、創造的資本主義の企業であればそれよりも低い賃金で労働力を確保することができるから、というのがその主な理由だ。

創造的資本主義を掲げる企業がたくさんあるとは思えない。しかし、ゲイツがマイクロソフトやそのほかの大企業にさせようとしている慈善プロジェクトのなかには、一部の純然たるビジネスプロジェクトよりおもしろいと思われるものがある。そうしたプロジェクトのために、その社の従業員は、賃金を抑えられることになるだろうが、代わりに金銭とは異なるものを手に入れることができるかもしれない。それは、弁護士事務所の無料奉仕活動のようなものだ。若い弁護士たちは無料奉仕活動に興味を持っている。大半の通常業務よりもおもしろく、そうでなかったとしても、多種多様な仕事を経験できるという利点があるからだ。もちろん、〝創造的資本主義〟によって、慈善活動の費用をまかなえるほど人件費を削減できるのであれば、それはそれで純然たる利潤最大化行動となる。とにかく私は、企業による慈善活動を利他主義ととらえる気にはなれない。

ゲイツとバフェットによれば、財団や政府よりも企業のほうが能率的であり、そのため慈善の役割は企業セクターにゆだねたほうがうまくいくはずだという。しかし企業は、利潤最大化の掟に従って行動しているからこそ能率的なのであり、慈善プロジェクトにかなりの資金を投じることになれば、そのような掟は顧みられなくなるだろう。利他的な企業が、市場を奪われるのを阻止するため、利益至上主義の競合他社にも慈善プロジェクトをおこなわせるよう政府に圧力をかける危険さえある。

また、〝創造的資本主義〟の支持者たちが、アフリカを中心とする対外支援に重点を置いている点にも違和感をおぼえる。アフリカで問題になっているのは資金不足ではない。政治腐敗と政府の無能力が問題なのだ。なぜそう言えるのかといえば、中国やインドの場合、市場との調和を重視する有能な政府がいったん基盤をととのえてしまえば、あとは独力で発展することができたからであり、アフリカの発展は、あまり有能ではない現地政府が植民地政府に代わって政権を取ったときから減速したからである。

実際、対外支援は、改革を求める力を弱めることになるため、貧しい国々の政府の質を悪化させる可能性さえある。創造的資本家はこの問題に気づいていないようだが、それは彼らが、体系的なデータに無頓着であることと関係があるのではないだろうか。少なくとも私が創造的資本主義にかんする文献を読んだかぎりでは、企業の慈善活動の結果、アフリカの人々に純便益がもたらされたことを証明する資料は何ひとつ存在しない。あるのは事実考証にもとづいていない証拠だけだ。

たしかに、ビル・ゲイツほどの才能を持った実業家であれば、政府や世界銀行が失敗してきた場所でも、いずれ成功できるかもしれない。しかし私は何らかの証拠がほしい。ゲイツ財団を始めとする民間財団が、政府や世界銀行と人材争奪戦を繰り広げている状況を見ればなおさらだ。人材難により、政府や財団の慈善活動が減少するかもしれないし、また、人件費の増加により慈善活動の費用がかさむようになるかもしれない。どちらにしても結果は同じだ。

それに、はたして裕福なアメリカ人が、剰余金を海外へばらまこうとするだろうか。まさかアメリカに適当な慈善対象がないわけでもあるまい。また、アフリカの貧困を減らす活動にもマイナス面はあるのに、それはどこにも指摘されていない。貧困撲滅活動は、アフリカ諸国の現行の指導体制を強化するだけでなく、石油など希少商品の需要の増加、二酸化炭素の排出量の増加、人口過剰といった悪影響をもたらすと考えられるからだ。

私は、グレーザー教授の言葉に驚いた。「自由放任の資本主義はこれまでに多くの奇跡を成し遂げたものの、特に社会的不平等の是正を目標にしてこなかった。一般的に民間企業では、貧しい人々のニーズに応じようとするインセンティブよりも、裕福な人々のニーズに応じようとするインセンティブのほうが高い」。

この発言は誤解を招くおそれがある。民間企業のインセンティブは、利潤を最大化することにあるが、多くの場合、貧しい人々の要求に応じることによって利潤を最大化している。貧しい人々でも全体として見れば、数少ない裕福な人々よりもはるかに高い購買力を持っていることが多い。歴史的に見ても、アメリカの産業は中流階級および下位中流階級の消費者のニーズを満たしてきた。上流階級の消費者は、アメリカの製品ではなく高級な輸入品を買っていたのである。ヘンリー・フォードが作ったのは庶民向けのT型フォードであり、高級なロールスロイスではない。

また、「創造的資本主義が主張される要因として、政府の失敗があげられる」とするグレーザーの見解にも賛同できない。政府の失敗を責めることができるのは、慈善活動に反対する人間だけである。慈善活動こそ、改革を求める力を弱めることで政府の失敗を助長しているからだ。グレーザーは、成功した慈善活動の例として、フーヴァーのアメリカ救済局、ロックフェラー個人による慈善事業、ローマカトリック教会などをあげているが、そのいずれも、企業による慈善活動ではない。

グレーザーはまた、企業は腐敗した政府を介することなく支援をすることができると考えているようだが、それも現実的ではない（腐敗した政府がそのようなことを許可してくれるだろうか）。さらに、従来の企業形態に代わり、〝労働者協同組合〟のようなものを作ってはどうだろうかというグレーザーの提案も納得しかねる。労働者協同組合にはこれといった実績がなく、複合型にしても成功の見込みはないからだ。

誰もが、無数の人々の破滅よりも、自分の小さな不幸に関心がある

シカゴ大学経済学・社会学教授。
一九九二年ノーベル経済学賞受賞

ゲーリー・ベッカー

わが偉大なる恩師であり親友であった故ミルトン・フリードマンが、企業責任について否定的な立場をとっていたことは有名な話である。先のリチャード・ポズナーがとっている立場も同じだ。しかし私は、ポズナーやフリードマンとは異なり、ゲイツやバフェット、あるいは利益以外の目標を検討している心強い企業のどこが間違っているのかわからない。本当に問題なのは、利潤のみを動機とする企業と競争していかなければならない市場環境のなかで、そのような企業が生きていけるのか、ということである。

過去数十年間にわたって経済学者たちは、利潤のみを動機とする企業と、それ以外の動機をあわせ持つ企業との競争について分析をおこなってきた。それ以外の動機とは、消費者本位のサービス、雇用における人種差別、環境への配慮などである。経済学者たちがおこなった分析の主な結論は、一部の利益をあきらめてほかの目標を追求する企業が、利潤の最大化を目指す企業と競

争していくのはむずかしい、というものであった。

労働者を雇う場合に、生産性やコストのみにもとづいて人種差別なく労働者を雇う企業と、多少の利益をあきらめてでもアフリカ系アメリカ人などのマイノリティは雇わない企業とを比較してみよう。利益にしか興味のない企業は、利益になるのであればマイノリティでも雇うが、差別的な企業はそうした人々を雇おうとしないため、競争上不利な立場に置かれることになる。

利潤以外の動機を持つ企業が、競争環境で成功することができるのは、環境への配慮といった目標を高く評価してくれる労働者や顧客がいる場合だけである。そのような顧客は、多少多めに代金を払ってでも同社の製品を購入してくれるため、非営利的な目標を追求するために必要な費用は、すべてとは言わないまでも、部分的に相殺されるだろう。

また、ハイレベルの人材を比較的安い賃金で確保することができるかもしれない。たとえば、貧しい国々でよく見られる病気のワクチンを開発するなど、労働時間の一部を人助けに費やすことができるとなれば、労働者の勤労意欲が高まるからだ。ビル・ゲイツが〝創造的資本主義〟の最前線で活躍することを望んでいるのは、こうした企業らしい。

このような形態の資本主義は、どの程度の成功を収めることができるだろうか？　ゲイツは、アダム・スミスの一七五九年の名著『道徳情操論』の冒頭の考察を引用し、それに賛意を示している。しかしスミスは同書のなかで、利他主義が人間の行動に大きな影響を及ぼしていると説き、利他主義の力を信じながらも、その力の及ぶ範囲については懐疑的な態度をとっている。同書には、ゲイツが関心を持っていることと大いに関係する箇所もある。そこでアダム・スミスは、こう尋ねている。

「中国の大帝国が……突然大地震により壊滅的な打撃をこうむったという話」を聞いたら、「ヨーロッパの慈悲深い人間はどう」反応するだろうか、と。

アダム・スミスの答えはこうである。

「もし明日自分の小指がなくなるとしたら、心配で今晩は眠れないであろう。しかし、中国の人々の惨状を見ていないのであれば、一億人の同胞の破滅を知りつつ、高いびきをかきながら実に安らかに眠ることであろう。誰もが、無数の人々の破滅よりも、自分自身の取るに足りない不幸に関心があるのではないだろうか」

グローバル化が進んだ結果、アダム・スミスの時代よりもはるかに、中国やインド、アフリカ、そのほか世界の貧しい地域の事情が、豊かな国の人々に身近なものとなってきた。そうは言っても、豊かな国々の多くの企業に、第三世界の病気を治そうとする強いインセンティブを持たせるのは、アダム・スミスが述べた理由から見ても、きわめてむずかしいだろう。また、企業にかなりの出費をさせて二酸化炭素の排出量を削減させるというのも、政府から強制されるか、公的あるいは民間の財源で出費が補われるのでなければ、簡単ではないだろう。

しかし、市場を独占している企業であれば、たとえ株主が反対したとしても、多少の利益をあきらめて利益以外の目標を追求することは可能である。そうした企業の経営者が、余剰利益の一部を割いて環境保護など非営利的な目標を追求したとしても、経済が悪化するかどうかはわからない。短期的に見れば、株主は、十分な独占収益を手に入れることはできないだろうが、株主以外の人々は、企業のそうした行動から恩恵を受けられるかもしれない。長期的に見れば、経営者が何をするにせよ、株主は他社に負けないリスク調整後資本収益率を受け取ることになるだろう。

しかし、たとえそうであったとしても、貧しい国々が経済発展を加速させ、マラリアやエイズなど深刻な病気を克服するのを支援したいのであれば、企業の慈善活動よりもはるかに効果的な方法がいくつもある。そのなかでも特に考慮すべきは、貧しい国において競争をさらに奨励し、市場との調和を重視した政策を推進することだろう。リチャード・ポズナーが指摘しているとおり、こうした改革の導入が遅れているのは、おそらく企業の慈善活動のせい、そしてそれ以上に政府支援のせいなのだ。改革が実行されれば、豊かな国々が発展途上国からの輸入農産物などにかけている関税を引き下げることができるだろう。うまくいけば、関税を撤廃することも可能かもしれない。

〝賢明なる利己心〟に頼れ

クイーンズランド大学
経済・政治学教授
ジョン・クイギン

私は、リチャード・ポズナーの〝受託者の義務〟という考え方に、いくつか疑問を抱いている。受託者の義務とは、企業は株主の利益のために行動しなければならない、という義務である。ポズナーの言葉を正確に引用すれば、企業収益を最大化しなければならない、ということだ。

まず最初に、〝義務〟とはどういう意味なのか？　あたりまえの説明をすれば、受託者の義務とは、会社法の条文あるいは判例にもとづいて存在する義務である。しかしそれだけのために、企業は利潤を最大化すべきだと論じているのなら、解決は簡単だ。企業が自由に、より幅広い目標を追求することができるように法を改正すればいい。そのような改正で世界がひっくり返るようなことはない。ドイツなど多くの国で、企業は労働者の利益を考慮しなければならないことになっているが、その結果資本主義が崩壊してしまった様子はない。しかし、アメリカの法律が改正され、あらゆる利潤最大化の義務が削除されたとしても（より幅広い社会的目標を追求する義務が新たに付加されたとしても）、ポズナーは創造的資本主義に対する反論をやめないのではないか。

なぜなら、〝義務〟には第二の意味があるからだ。ポズナーは、経営者には株主との〝約束を守る〟義務があると論じている。経営者は利潤の最大化を目指すものだという暗黙の前提に立って企業が株式を発行し、後になって別の目標を追求することにしたとしたら、株主は、暗黙の契約が破綻したと主張できるはずだという。

私が思うに、どのような形であれ利潤の最大化を擁護しようとするのであれば、〝賢明な利己心〟（訳注：企業の社会貢献などはやがて企業の利益につながるという考え）に頼る必要があるのではなかろうか。利潤の最大化を目指さない企業は、他社との競争のなかで弱体化していく、というポズナーらの主張は至極もっともである。利潤最大化行動から逸脱すれば、倒産や敵対的買収の可能性が高まるものと思われる。しかしだからといって、利潤を最大化すれば企業が生き残る可能性も最大になるというわけではない。社会問題に関心のある幹部や経営者は、廃業に追い込まれる危険も考慮に入れたうえで、幅広い社会目標を企業戦略に組み込むことこそ、利益を最大化する最良の方法であると判断するのではないだろうか。

創造的資本主義に反論するにしても、受託者の義務を盾に反論するのは、いささか論拠が弱すぎる。反論するのであれば、経営者が利潤最大化を目指して企業を運営し、その後で自分の財産を利用して社会目標を追求するようにしたほうが当事者全員の目標を達成することができるのではないか、と問いかけるべきだ。大ざっぱに言えばビル・ゲイツも、これまで利潤最大化を目指して企業を運営し、それによって稼いだ自分の財産で慈善活動をしている。マラリアと闘っているのはビル&メリンダ・ゲイツ財団であり、マイクロソフト社ではない。

しかし、いつもこのように両者をきれいに分けて考えられるとは限らない。たとえば製薬会社では、新薬の開発に莫大な固定費がかかるが、薬そのものを生産する限界費用は低い。そのため、設定できる価格の幅が大きくなる。誰かが論じていたように、社会的に適正な価格が、最大の利益をあげる価格と異なるケースは頻繁にみられる。

おそらく、よい企業市民（訳注：企業が利害関係者と連携を図り、社会の一員として事業活動を展開していく姿勢を示した言葉）としてふるまうことが、企業の長期存続につながるのだろう。これは何も、ポズナーが主張しているように、顧客へのPR活動に資金を投じることではない。企業活動が社会的に望ましいものであると広く政治関係者に認められれば、その企業にダメージを与えそうな施策がおこなわれる可能性は低くなるだろう、ということだ。

政治的認識が社会的現実と必ずしも一致するとは限らないが、グローバルな観点から見れば、ここ数十年のあいだに大手製薬会社が採用した戦略が、社会に適したものであったとは思えない。また、大手製薬会社が現行のまま長期的に存続していけるような戦略がとられてきたとも思えないのである。

企業はカール・アイカーンを恐れることなく慈善活動をできるのか？

ロナルド・ギルソン

スタンフォード大学およびコロンビア大学法科大学院教授。
専門は法学・経営学

〈キンズレーからギルソンへ〉

本サイトで提示されてきた問題に答えを出さなければなりません（法科大学院で模範回答を教えてもらったはずですが、三十年経ったいまではまるで見当がつきません）。まずは問題をわかりやすく言い直してみましょう。企業は株主に最大の利益をもたらさなければならないという〝受託者の義務〟は、もともと会社法に組み込まれているものなのでしょうか？　それとも企業は、付随定款か何かに定めれば、その義務から逃れられるのでしょうか？

別の表現をしてみましょう。企業は、株主になる可能性のある人を含む全世界に対し、「私たちは利潤の最大化を目指すものではありません。Xパーセントの利益を目指し、それ以上の利益は慈善活動にあてます」「不景気のときでも従業員を解雇しません」「研究員の就業時間の二〇パーセントをマラリア対策の研究にあてます」と明言することができるのでしょうか？　企業は、

「乗っ取り屋」カール・アイカーンを恐れることなく慈善活動をおこなうことができるのでしょうか？

〈ギルソンからキンズレーへ〉

その質問に答えるのは、少々むずかしいですね。質問が明確さに欠けるからです。例をあげましょう。企業経営者が、株主の利益よりも労働者や地域、環境を優先的に考慮する経営をしたとしても、そのように行動した理由を株主にうまく説明できるのであれば、実際に企業経営者が法的制裁を受けるおそれはほとんどありません。長期的に見れば企業に最大の利益をもたらすものとして、経営者のほとんどの行為が正当化されます。裁判所も、経営者は〝経営判断の原則〟（訳注：経営者のおこなった判断が合理的で適正なものである場合は、結果的に会社が損害をこうむったとしても、裁判所は経営者の経営事項については干渉せず、当該経営者も責任を負わないという原則）に従って行動したものとして、経営者の言い分を疑うようなことはないでしょう。

経営者にそれほど幅広い経営決定権が与えられているのであれば、株主の利益を無視した経営者の行動を抑制する手段はあるのでしょうか？　その答えは資本市場にあります。経営者の行動が株主の利潤最大化という目標から大きく離れてしまったため、敵対的買収やプロキシーファイトといった乗っ取り工作をおこなうのが妥当だということになれば、そのときにはカール・アイカーンの出番となります。

ちなみに数年前にアイカーンが、ＵＳスチールという製鉄会社からマラソン・オイルという石油・天然ガス会社を分離させようとして初めてプロキシーファイトを試みたとき、私はアイカーンには反対の立場をとっていました。結局アイカーンは正しかったのですが、そのときには彼が断念しました――。

そうなると、受託者の義務をめぐる法制度の問題は、買収に対する防衛戦術にかんする問題へと移ります。ここ数年のあいだ経営者と株主との争いの大半は、経営者は株主の承認なく自由に行動する権利を守っていくために何ができるのか、ということをめぐっておこなわれたものでした。敵対的買収が仕掛けられた時点で発動され、意図的に買収ができなくなるようにするポイズンピルは、こうした行動の象徴的な例です。マーティ・リプトンが編み出したこの狡猾な方法の鍵となるのは、ポイズンピルの採用を株主が承認する必要がないこと、また、おそらく取締役会の多数派を更迭しない限りポイズンピルを消却できないこと、この二点です。

定款に特別な記載がないと、このような状況になります。次に、二種類の普通株を通して創立者が議決権を支配し続けているグーグルや、ニューヨーク・タイムズ、ワシントン・ポストを取りあげましょう。これらの企業の創立者は、もはや経済的利益の大半を手にしていないのに、議決権を支配し続けています。この場合でも、経営者が株主よりも利害関係者などを優遇する経営をおこなうときには、「長期的な観点から株主の利潤最大化を目指しているのだ」と株主に説明しなければなりません。つまり基本的なルールは変わらないのです。しかし、経営者の行動があまりに利潤最大化から逸脱したものであったとしても、株主は、資本市場を利用して経営者のいきすぎた行動を抑制することができません。

ここでようやく当初の問題に帰ってきました。つまり、創立者が利他的な目標を目指す場合、公正という観点から、株主の利益以外のものを優先的に追求することを許可する条項を定款に盛り込むことはできるのでしょうか。

私の考えを簡単に言ってしまえば、有限責任会社や合資会社といった特殊なデラウェア法人（訳注：アメリカのデラウェア州は最低資本金制度がないこと、売上税が課されないこと等から法人設立が容易であり、一般にこう呼ばれている）であれば、定款にそのような条項を盛り込むことは確かに可能です。経営者と会社との取引、すなわち自己取引を規制する法律が背後にあれば、通常の企業でも定款にそのような条項を盛り込むことは可能だと思われます。

しかしこうして検討してみると、あなたの質問そのものが誤っているような気がしてきました。株主の利益がどれだけ利害関係者へまわされることになるのかわからないのに、株式を購入する人がいるでしょうか？　それがわかっていれば、ことは簡単です。利害関係者の利潤最大化を目指す企業と株主の利潤最大化を目指す企業とのあいだで利回りが等しくなるまで、株価は下がるでしょう。反対にそれがわからなければ、利己的な人であれ利他的な人であれ、誰が投資をするでしょうか？　利潤を追求する者であれば、株主の利潤最大化を目指す企業を好むでしょうし、利他的な投資家であれば、慈善団体に寄付したほうがいいと思うでしょう。

結局、〝創造的資本主義〟を実践するためには、利害関係者の利益を優遇する企業を立ち上げたほうがいいのでしょうか？　あるいは同じ資金を、ベンチャーフィランソロピーと呼んでいるもの（訳注：非営利組織に資金と経営ノウハウの両方を長期的に提供することで、その組織能力と活動の継続性の向上を図る活動）に投じたほうがいいのでしょうか?

ここで提起された一連の問題は非常に興味深いと思いますが、質問が明確に提示されていなければ、議論もあいまいになってしまいます。実際に話し合わなければならない問題を十分明確に提示することさえできれば、これはすばらしいプロジェクトになるでしょう。問題があいまいなままだと、誰もが自分の意見に含まれる問題点を避けてしまうおそれがあります。

利益にかんする十の見解

『フィナンシャル・タイムズ』紙
経済担当主任解説員
マーティン・ウルフ

現代の資本主義経済の中核組織である株式会社の目標は何なのか？ 〝創造的〟企業になるかどうかは企業の自由だが、その選択は、企業の目標次第でどう変わるのだろう？ 本書の討論のなかで何度も繰り返されているように、第一の質問に対する典型的な答えは〝利潤の最大化〟である。この答えは間違いではないが、あまりに限定されすぎている。そこで以下、利益にかんする十の見解を記してみる。

一．企業の目標と企業の役割とを混同してはならない。企業の役割とは、有益な財やサービスを提供すること、すなわち、インプットされた以上に価値のあるものをアウトプットすることにある。市場経済によれば、企業は競争にさらされると最も効果的にこの役割を果たす。〝利潤の最大化〟もしくは〝株主価値の最大化〟は企業の役割ではない。企業の目標である。利潤の最大化という目標は、企業がその役割を果たす活力となる。

二．競争の激しい企業支配権市場（訳注：価値ある資産として企業の支配権を取得しようと複数の経営者が潜在的に争っている市場）を作り出すことで、事実上、企業は利潤を最大化せざるを得なくなる。あるいは少なくとも、利潤を最大化させようとする市場の意向に従って行動せざるを得なくなる。それに応じることのできない企業は、ほかの企業の〝餌食〟となる。こうして、アングロサクソン系アメリカ人による株主主導の資本主義では、必然的に（市場が考えているとおり）利潤を最大化することが企業の目標となる。しかし、企業支配権市場が存在しない国では、そうはならない。そのような国の企業は、生き残るために必要な資本収益率は獲得しなければならないが、利潤を最大化するほどの収益をあげる必要はない。

三．アングロサクソン系アメリカ人の社会では、企業は一連の契約により形成される存在とみなされている。しかし企業は、時空間を超えて広く協力することができる高度に社交的な哺乳類によって作り上げられた社会有機体でもある。企業には文化があり、歴史がある。さらに、企業にきわめて密接にかかわっている人々のなかには、企業の存在には何らかの意味があると考える人が多い。

成功を収めた企業で熱心に働いている労働者は、利潤を最大化するために働いているわけではない。できるだけ多くの生活費を稼ぐためですらないのだ。実際、利潤の最大化という目標だけで大部分の企業を導いていくことなど不可能なのである（ゴールドマン・サックスは例外だが）。企業は、人々が買いたいと思い、なおかつ市場価値が生産費よりも高い財やサービスを生産・開発することを中間目標としているはずである。

四．企業が自由に売買できる存在であるというのは、アメリカ文化、とりわけアングロサクソン系アメリカ人に固有の考え方であり、ほかの地域でそんなふうに考えられることはほとんどない。多くの文化では、企業は永続的な社会的存在であるとみなされている。私が以前読んだ本によれば、日本には、労働者の意向を無視して企業を売ることなどできない、と考える人が多いという。それは、自分の身内を売るに等しい行為だからだ。この観点から見れば、財やサービスは売買できるが、企業は、国家あるいは民族同様、売買されてはならないものなのである。

こう考えると、株主は本当の所有者ではない。株主は、企業の競争力向上に役立つようなことは何もせず、ただ有限責任の恩恵を受け、たくみにリスクを分散しているだけだ。株主は単に、残余所得を請求できる権利を持つ人々の集まりでしかない（しかもその顔ぶれは絶え間なく変わっていく）。最大の（分散不可能な）投資をおこなうことで企業と命運をともにしているのは、株主ではなく、中心業務を担う労働者なのだ。したがって、労働者の利益こそ最優先すべきである。

五．企業内部における契約（つまり企業、従業員、そして多くの場合、納入業者、ひいては販売業者まで含む相互の契約）は、関係的契約（訳注：当事者間の長期的な関係を前提とする暗黙の契約）である。つまりこうした契約は、どのような形式であれ正確に文字にして表わすことはできない。企業は、自発的に参加している人々による階層型組織であり、信頼にもとづいて仕事をすることになる。たいていは、非常に長期にわたる関係から生まれた信頼だ。多くの企業にとって信頼こそが、長期的な成功を収める必須の要素である。

六．企業が自由に売買できるものだとすると、企業内の特定の人々とのあいだに形成される長期的な信頼にもとづく関係的契約は、紙一枚ほどの値打ちもないことになる。そうなると、合理的な考えの従業員は場当たり的に行動するようになるだろう。なぜなら企業も同じように場当たり的に行動するものと思っているからだ。信頼に足る長期的な関係が求められれば求められるほど、そのような場当たり的な行動も減るだろう。

七．したがって、資本市場において利潤の最大化を強制するような取り決めがなされれば、企業と貴重な従業員とのあいだに長期的関係を築くことが不可能になり、結果的に、利潤の最大化以外の目標を目指した場合よりも企業の能率が落ちることになるかもしれない（あくまでも〝かもしれない〟である）。

八．企業は自由に売買できるものだという前提に立って経営されている企業（GMなど）は、そうでない企業（トヨタなど）よりも、利潤の最大化に成功するであろうという主張さえ、必ずしも正しいとは言えない。トヨタは、ほとんどすべての面においてGMよりも優れた自動車会社である。日本型資本主義が失敗したとしても、それは、活発な企業支配権市場がなかったせいではないだろう。

九．結果として、アングロサクソン系アメリカ人が考えている以上に、資本主義はさまざまな形態に多様化していくことだろう。特に、活発な企業支配権市場がなければ、経営者は自由に企業を経営し、利害当事者の代表として行動することができる。利害当事者のなかで最も重要な位置を占めるのが、中心業務を担う労働者だ。この場合、企業は利潤の最大化を強制されることがないため、企業の存続が脅かされない限り、一連の〝慈善〟活動を実際におこなうことができる。

十．次の世代にかんする問題のなかで私が最も関心を抱いているのは、資本市場にばかり目を向けているアングロサクソン系アメリカ型資本主義が今後も拡大・繁栄していくかどうかという問題である。企業買収には効果がないことを証明するいくつかの事実、あるいは最近経験した悲惨な金融破綻を見る限り、見通しは暗い。

企業は短期的利益を犠牲にして社会的責任を果たせ

『エコノミスト』誌チーフライター
マシュー・ビショップ

創造的資本主義に対する批判に共通の点は、「〝従来型〟の資本主義こそ貧しい人々を支援する最善の策なのだが、残念なことに、貧しい国の政府が法の支配を確立し、財産権を守り、汚職対策をおこなうことができないために、資本主義の活動が妨げられている」ということである。この意見には一理ある。しかし本当に、従来型の資本主義は創造的資本主義と相容れないものなのだろうか？

発展途上国の政府を非難するだけでは、それらの政府の下で生活している人々にとっては何の助けにもならない。利益の追求を目指す資本家は、おとなしくアフリカの政治が変わるのを待って、〝次の十億人〟（訳注：ＢＲＩＣｓを中心とする新興国で富裕層の次に位置する年間世帯年収一千ドルから五千ドルの十億人）、ひいては〝最底辺の十億人〟からも利益をかき集めるべきなのか？

それは、利潤最大化を目指す企業としては誤った対応ではないだろうか。何十億という人が貧しいままでいれば、毎年巨額の利益損失をもたらすことになると思われるからだ。貧困が革命や紛争を生み、ほかの国々やグローバル経済にまでその影響が及ぶようになれば、さらに直接的な経費がかさむのは言うまでもないだろう。

企業も資本主義も、何もないところには存在しない。適切なルールが整備されている環境において初めて成長するのである。企業は社会のなかに〝組み込まれて〟いる。社会に組み込まれた企業が、長期的に収益を向上させていくためには、事業をおこなっている環境を認識し、その環境とまじわり、さらに快適な環境となるよう努力する必要がある。

貧困も物資の欠乏も、社会から将来性を奪うとともに、社会における資本主義の安定を脅かすものである。そのため、長期的観点に立つ場合、企業が短期的な利益を犠牲にして、〝創造的活動〟〝社会的責任〟にのっとった活動、〝慈善〟活動に投資することこそ、合理的な利潤最大化戦略と言えるのではないだろうか。そうした活動こそが、貧しい国を資本主義にとって実り多き場所に変えることができるからだ。

そうなると一つの疑問が出てくる。統治能力の低い国の場合、企業は変革推進者として成果をあげることができるのか、それともより良い統治をもたらすことができるのは、豊かな国の政府や国際組織、非営利団体だけなのか？

一見したところ、政府や非営利団体が社会改革を独占的に進めることなどあり得ないように思う。現在、多くの富裕な政府が既存の社会的責務を果たすのに悪戦苦闘しているだけになおさらである。非営利団体も、短期的な資金調達ばかりを考えている場合が多く、根深い社会問題の解決に長期的に携わることができないで四苦八苦している。

『慈善資本主義』（二〇〇八年刊、未訳）のなかで、私はマイケル・グリーンという政治学者とともに以下のように論じた。ビル＆メリンダ・ゲイツ財団のような民間の大規模な慈善団体も大企業も、今日の大きな社会的課題に取り組むうえで重要な役割を担っているが、両者のあいだで微妙にその役割が異なる。大企業も大規模な慈善団体も、小規模な組織や個人では到底なしえない規模で社会改革を推進することができる。ただし慈善団体のほうが、組織を自由に動かすことができる。企業と違い、慈善団体は長期的な収益を求める必要がないからである。

しかし企業には、多くの場合、慈善団体にはない資源がある。たとえば国際的なサプライチェーン、流通ネットワーク、質・量ともに恵まれた人的資源などだ。資本主義には、世界の貧しい人々を貧困から救い出す能力が備わっている。大企業にしろ慈善団体にしろ、資本主義のそうした能力を高めるような形で社会を形成していくことができるはずだ。

「私たちがものを食べることができるのは、パン職人の博愛のおかげではなく、彼らがみずからの利益を追い求める気持ちを持っているためである」というアダム・スミスの言葉も修正する必要がある。いまや村のパン屋は、周囲の社会に大きな影響を及ぼす多国籍食品企業に代わった。確かに、貧しい人々にパンを与える最善の方法となるのは利己心だが、創造的資本家による〝賢明な利己心〟のほうが、よりおいしいパンを、より多くの人に、より速く提供できる可能性がある。

〝創造的資本主義〟にかんする議論は、何ができるのか、何をしなければならないのか、といった具体的な内容を中心に取り上げていくべきであり、原則的に理にかなっているかどうかといった点にこだわっていてはならない。

創造的資本主義が民主主義の妨げになる理由

ロバート・ライシュ
『暴走する資本主義』著者。クリントン政権の元労働長官。カリフォルニア大学バークレー校公共政策教授

資本主義に人間らしさを与え、公益のために利用しようとするビル・ゲイツの試みには敬服する。しかし、このプロジェクトが公益のために資本家の利益を犠牲にしなければならないものである限り、成功の見込みはない。このプロジェクトは民主主義社会では成功しないはずだ。

〝企業の社会的責任〟に対する関心が急激に高まったのは、民主主義は社会のニーズに応えるものだという信頼が崩れてきたことと関連がある。とはいえ、企業が民主主義よりも社会のニーズに応えられるとも思えない。結局のところ、民主主義が失敗した主な理由は、立法の過程において、企業のロビイストがあまりに大きな影響力を持ちすぎたことにある。たとえば、環境保護関連の法的措置を妨害した企業が、一方では自発的に環境改善活動に取り組むといった事態をどう説明するのだろうか？

民主主義に対し懐疑的な態度をとっていると、それが現実のものとなってしまう可能性がある。

大衆は、民主主義を改革することを忘れ、社会に共通の課題は民間セクターが適切に対処しているため公共対策は必要ないと信じ込んでしまう。企業が社会的責任を果たしてくれるものと期待して安心していると、よりきびしい法律や規則を制定する必要があることを忘れ、そもそものはじめから問題などなかったのだと錯覚してしまうかもしれない。

そうなれば政治家も責任を問われることはない。政治家は、企業がおこなう見せかけだけの慈善活動を称賛していればいい。企業に対し、そのような活動をするという誓約書に署名させ、改革を約束させたことを、自分の手柄としてしまうことさえあるかもしれない。政治家はもはや、企業の役員や資金調達担当者の反感を買いそうな行動をとる必要はない。企業の道徳的行動に賛成しているように見せていれば、誰かの肩を持つ必要も、立場を明確にする必要もないのだ。

企業が社会的責任を果たすと公約すれば、出世街道の先にあるとてつもなく高い金銭的報酬と、世の中のためになることをしているという心理的報酬との両方を望む才能あふれる若者にも、安心感を与える。こうした若者は、社会福祉事業として貧しいブドウ園で働いたりはしない。貧しい地域の学校の教壇に立つこともないし、一般的な公益事業に携わったりもしない。むしろ彼らはMBAを取得した後、自社の社会貢献活動を並べたてた年次報告書を発行している大企業に就職するであろう。その結果、経済的な成功を収めることもできれば、慈善活動をおこなうこともできる。少なくとも、自分にそう言い聞かせることができるのだ。

しかしこのように見てくると、〝企業の社会的責任〟という言葉には綿菓子ほどの意味しかない。かじりつこうとすればするほど、すぐに溶けてしまうからだ。社会的価値を明らかにし、社会的価値のあることを実施していく民主主義的プロセスがなければ、〝社会的責任〟という言葉は本来の意味を持たない。たとえば、核エネルギーを利用していれば、社会的責任を果たしていると言えるだろうか？　核エネルギーこそ化石燃料に代わる最も実用的なエネルギーだと考えている環境保護主義者もいれば、それに強く反対している環境保護主義者もいる。

では、ニワトリを放し飼いにして卵の生産をおこなえば、社会的責任を果たしていると言えるだろうか？　一部の動物愛護活動家はそうするよう要請しているが、食品の安全を訴える人の多くは、鳥インフルエンザに感染しているかもしれない渡り鳥との接触を避けるため、ニワトリは檻に閉じ込めておくべきだと主張している。

投資家や消費者が社会的責任を負うべきであるのなら、株式や商品を購入するさい、ビールやワインを含めアルコール製品を製造している企業のものは避けるべきなのか、あるいは強いアルコール製品を製造している一部の企業のものだけを避ければいいのか？　性描写や暴力描写のある映像を提供するメディア企業のものは避けるべきなのか、あるいは、社会にきわめて悪い影響を及ぼしかねない一部の企業のものだけを避ければいいのか？　同性愛者の権利を主張している企業や、銃の所持に賛成している企業は、社会的責任を果たしているのか、それとも果たしていないのか？

確かに、選挙による民主主義は、意思決定プロセスが煩雑で扱いにくい。とはいえ、民間セクターの社会的責務は、民主主義を通して決定するほかない。民主主義をうまく機能させれば、企業にもっと〝社会的責任〟のある態度をとらせるのに役立つであろう。意見をすり合わせることはできなくても、少なくとも民主的プロセスや裁判を通し、それぞれの主張を秤にかけ、比較検討する手段を手に入れることはできる。だが民間セクターにこのような手続きはない。

消費者や投資家にとっては〝社会的責任〟を果たしている企業のほうがいい、とよく言われる。ダウ・ケミカルという最大手化学メーカーは二酸化炭素の排出量を減らし、エネルギーコストを削減することに成功している。マクドナルドは、より人道的な食肉処理技術を採用することで、企業負担の大きい労働災害を防ぎ、食肉の生産量を増やした。ウォルマートは、生鮮食品のパッケージに、従来の石油を原料とするパッケージよりも安価な〝環境に優しい〟素材、すなわち、コーン原料の透明プラスチックを使用している。スターバックスは、パート従業員も健康保険に加入させることで、従業員の退職率を減らし、収益の改善に役立てている。アルコアというアルミニウムメーカーは、エネルギー利用量の削減およびそれに関連する環境改善により、年間約一億ドルのコスト節減を見込んでいる。

こうした措置はいずれも価値のあることかもしれないが、実際には、社会的責任を果たすためにやっているわけではない。コストを下げるためにやっているのだ。したがって、こうした企業が〝社会的責任〟を果たしていると考えるのは、〝社会的責任〟という言葉の意味を拡大解釈することになる。なぜなら、企業が利益を増やすために何をしようが、それがたまたま社会にプラスになるのであれば、〝社会的責任〟を果たしているということになってしまうからだ。

何年ものあいだ私は、長期的に見れば社会的に責任のある行動は収益につながると論じてきた。なぜなら、従業員や地域社会や環境を尊重し大切にする企業は、いずれ従業員や地域社会、さらにはより大きな社会の尊敬と感謝を得ることができ、ひいてはそれが、収益を改善する結果となるからだ。とはいえ、私はこの主張を証明することもできなければ、この主張を支持する論文を見たこともない。

しかしそんなことよりも、いまの企業の側から言えば、長期という言葉自体が不適切であるかもしれない。参入障壁がどんどん低くなって、どの企業もかつてない競争圧力にさらされている。そうした極度に競争的な資本主義の下で、実質的に企業が〝長期〟的な指標とするのは、将来の予想収益の現在価値であるからだ。それを測る最適な尺度となるのが株価である。

同様に、ある製品の余剰利益が消費者個人のものとなるのであれば、消費者は、その製品に対してより高い金額を支払うことを惜しまないとも考えられる。しかしだからといって、その製品が〝社会的責任〟を果たしているとは言えないだろう。電気代を節約できるエネルギー効率のよい電化製品、消費者を健康的な気分にさせてくれる有機食品、牧草をたっぷり食べた牛から採取したクリームで作られたアイスクリーム、養殖ではなく天然ものの鮭、消費者にサルモネラ菌に対する安心感を抱かせてくれる地上飼育したニワトリの卵など、いずれも、消費者が高めの料金を支払うだけの価値があるものかもしれない。しかしそんな消費者も、社会のためになりそうだからという理由だけでは、余分な金を支払おうとはしない。消費者が余分な金を払うのは、自分にとってそれだけの価値がある製品だからである。

さらに企業が、優秀な従業員を確保するため、十分な賃金を支払い、十分な手当を与えたとしても、それで〝社会的責任〟を果たしているとは言えない。単に健全な経営をしているにすぎないからだ。一般的に、価格を上げることなく製品の質を向上させる、あるいは価格を下げることができるよう効率や生産性を高めるといった方法で高い収益を得、投資家に対し高利回りを生み出す、こうした企業の取り組みも、社会道徳にかなったものというわけではない。それは単に、こうした取り組みが社会のためになるにしろならないにしろ、それとは関係なく実行されるべき健全な経営慣行にすぎない。企業がますます激化する競争圧力にさらされている現状を考えれば、どの企業でもそうした経営慣行はいずれ実行されるだろう。

確かに、企業の社会活動に関心を持っている消費者のなかには、社会的責任を果たしていると思われる製品しか買わないという人がいるかもしれない。また、企業倫理に関心を持っている投資家のなかには、特定の不快な企業を投資対象から排除する〝社会的責任投資信託〟なるものにしか投資しない人がいるかもしれない。しかし、すでに証明されているように、実際にそうした行動に出る消費者や投資家は、ごくわずかなのである。わが同僚であるカリフォルニア大学バークレー校ハース経営大学院のデヴィッド・ヴォーゲル教授は、データを徹底的に検討した後、こう結論している。

「大半の企業において、社会活動や環境保護活動がその企業の売り上げに何らかの影響をもたらしたとは証明できない」

たとえば、ある大規模な調査によれば、消費者が環境に優しい製品を購入するのは、その製品が通常の製品並みの価格であること、少なくとも同レベルの品質と性能を備えていること、よく知られた信用できるブランドのものであること、これまでに買い物をしたことがある店で購入できること、使用方法に大した変更がないことといった要素が満たされたときだけである。

投資家についても似たり寄ったりだ。二〇〇四年に社会的責任投資信託で運用された株式の合計は、アメリカの株式市場で売買されている投資信託の二パーセント以下にすぎなかった。ヨーロッパにおいては、さらに割合は低くなり、〇・三パーセント程度しかない。社会的責任投資信託が通常の投資信託よりも利回りがいいのであれば、もっと多くの投資家を引き寄せるのだろうが、その運用成績には著しいばらつきがある。その上、大半の社会的責任投資信託のポートフォリオには、一般的な投資信託のポートフォリオに取り上げられているほとんどの大企業が含まれている。

多くの投資家は、より優れたコーポレートガバナンスを求めている。しかし皮肉なことに、たとえコーポレートガバナンスを向上させても、投資家のためにこそなれ、従業員や地域社会、あるいは社会全体のためにはならない。CEOやほかの経営幹部が投資家に負い目があればあるほど、高収益を求めて給与を大幅に削減し、地域社会になど目もくれず販路を世界に広げ、発展途上国の労働者を危険で不健康な労働環境に置き、その資源を略奪する可能性が高くなるのだ。もちろんあくまで、こうした反社会的なやり方で収益や株価を上昇させることができればの話だが。

したがって、民間セクターが社会的価値にもとづいて行動すべきだと考えるのであれば、社会的価値を明らかにし、それを法律や規則に反映させる強力な民主主義が必要となる。しかし、企業の社会的責任というものが公言され、誇示されるようになると、大衆はそれにだまされ、社会的価値のあることは政府が対応しなくても対処されるものと信じ込んでしまい、民主主義が取り組むべき本当の問題が覆い隠されてしまうことになりかねない。そして大衆がそうした問題の重要性に気づかない限り、民主主義がその問題に取り組むことはないだろう。

連邦通信委員会や、映像における性描写や暴力描写に関心を抱いている保守的な議員の働きかけを受けて、ケーブルテレビ事業者は、二〇〇六年初めに、親が有害な映像から子供を守ることができるような家族向けチャンネルパックを提供すると発表した。法的措置を回避するために先手を打ったのである。しかし、ケーブルテレビ事業者は、これまでにも同じような発表をしておきながら、その約束を果たしてこなかった。おそらく彼らは、議会や連邦通信委員会が禁止を命じるまで、セックスや暴力の映像を垂れ流し続けることだろう。性や暴力は儲かるからだ。

別の例をあげよう。食品大手数社は最近、十二歳未満の子供に向けた特定の製品の宣伝を中止すると発表した。このニュースは、企業の社会的責任の好例として歓迎されたが、そこに至る経緯は、社会的責任とは関係がない。企業が宣伝中止を決める前に公表された政府調査によれば、これらの製品は直接子供に向けた宣伝を打つと、子供の肥満が助長されるという。そのため、そうした宣伝を規制する法案が二つ、議会に提出された。結局法案が議会を通過することはなかったが、企業は大衆を安心させるためにそのような取り組みを始めたのである。

しかし当の企業は、健康的なライフスタイルとはいったいどういうものなのかということを、わざとあいまいなままにしている。宣伝予算の半分をかけて健康的なライフスタイルを宣伝したとしても、残りの半分をかけて宣伝されるのは、きっと不健康なライフスタイルだろう。だが、その相違がはっきりしないのだ。

最近では政治家も、不正行為をおこなった企業を公の場で非難するようになってきている。問題を起こした経営者は、たいてい議会委員会に引きずり出され、国会議員からきびしく責めたてられる。しかし、企業の不正を改善していくための法律が制定されることはほとんどない。また政治家は、素行のよくない企業に〝きびしい態度で〟臨んでいることを大衆に示しながらも、このような公の叱責の場を利用して、政治献金を募ったり、企業経営者に何度もゴルフの接待をさせたり、企業のロビイストにさまざまな要求をしたりするなど、当の企業と良好な関係を維持している。大衆は、民主主義が機能しているものと信じ込んでいるが、実はＰＲ活動によってそう見せかけているだけなのだ。

二〇〇五年にヤフーが、ヤフーメールを使っていた中国の反体制活動家の名前を中国当局に開示することを決定した。そのとき、一般大衆のあいだにどれだけ抗議の嵐が吹き荒れたかを思い出してみてほしい。グーグルは、〝人権〟や〝民主主義〟といった扇動的な言葉を含む結果を表示しない検閲版サーチエンジンを、中国当局のために開発している。マイクロソフトは中国政府の気に入らないブログを削除し、シスコシステムズは自社で製造した機器を中国警察に売り歩いている。

中国が世界最大のインターネット市場になりつつあること、また、その市場へ企業が参入できるかどうかを中国政府が決定していることを考えれば、競争という点から見て、こうした企業の動きは理解できる。これらの企業はいずれも、その時点ではアメリカの法を犯してはいない。それに、そもそも企業経営者というものは、法に従う義務はあるにしても、自分の裁量で利益と公益とを秤にかけることなどできない。そのような行為は誰からも——当然、消費者や投資家からも——認められていない。さらに企業経営者には、みずからの企業活動を道義的に評価できるほどの専門知識もない。

民主主義が力を発揮するのはまさにそこである。民主主義では、国民を代表する議員がさまざまな意思決定を下すことになっている。つまり議会は、たとえ受注を逃すことになったとしても、アメリカのIT企業が人権を蹂躙する独裁政権に協力するのを禁じるべきか否か、という問題に向き合うべきだったのだ。

二〇〇六年二月、下院人権小委員会が聴聞会を開き、中国当局に協力した企業の経営者を喚問した。議員はそれぞれの企業の行動を非難し、その模様は翌日のニュースをにぎわせた。しかし議会はなんの法律も制定しなかった。

政治家が企業に対し、公益のため自発的に何らかの活動をとるよう要請したら、政治が本来取り組むべき問題が覆い隠され、政治もまた堕落する。たとえば、ハリケーンや津波の犠牲者救済に必要な数百万ドルをどうするかといった問題も含め、大切な問題は企業が解決してくれるものと大衆は信じ込んでしまう。しかし、企業が提供できるものなど、必要とされているもののたかだか一部にすぎないのだ。

公共の慈善団体になるために企業が設立されるわけではない。株主は、自分の資金を寄付させるために企業経営者に託しているわけでもない。現に、世界最大の慈善家であるビル・ゲイツ夫妻は、マイクロソフトの収益を慈善活動に使用していない。二人が慈善活動に使用しているのは自分たち個人の財産である。企業が株主の出資金を自由に使っていいのは、その企業のブランドイメージを向上させる場合だけだが、それにも限度がある。ハリケーン・カトリーナによる災害の後、ウォルマートのCEOは、率直に自社の慈善活動の限界を認めた。「私たちは、救援物資を求めるグループすべてに、トレーラー三台分ずつ物資を送ることはできません」と言い、二千枚の毛布がほしいという要請に応じなかったのである。「私たちは今後も、ビジネスを続けていかなければなりませんから」

実際に、企業が慈善活動に寄付している金額は、公共セクターが提供している金額に比べはるかに少ない。

企業は社会的責任を持った道徳的存在であると考えていては、法を定め規則を作るという作業がおろそかになってしまうだろう。企業の行動に対する称賛や非難はすぐに忘れ去られてしまうため、消費者や投資家の行動にほとんど影響を及ぼすことはない。

その一方で、真に民主的なプロセスが企業やロビイストにますます侵食されてきている。将来、〝企業の社会的責任〟という言葉――〝創造的資本主義〟と言い換えてもいい――が真の意義を持つためには、企業は、ワシントンや各州政府の官庁にはびこって民主主義の妨げとなっているロビー活動や選挙献金を控えるべきである。

まさにケインズが直面した問題が繰り返される

ボルテラ・コンサルティング社長
ポール・オーメロッド

研究者たちは、その立場に関係なく、今回の討論を非常に喜んでいるに違いない。莫大な財を築いてきた人たちは、単なる金銭的成功よりもむしろ、自分の深遠なる思想によって人々の記憶に残りたい、と切に願っているように思える。創造的資本主義という概念を提示したビル・ゲイツと、〝再帰性〟理論（訳注：個人が市場取引に参入するとき、市場に対する偏見や先入観を持って参入しており、それが潜在的に経済のさまざまな要素を変化させているという考え方）を考案したジョージ・ソロスとは共通する点がある。二人とも、次に掲げるケインズの有名な言葉に賛同しているように見受けられるからだ。

「経済学者や政治哲学者の考えは、それが正しいときであれ誤っているときであれ、一般に考えられているよりも影響力がある。実際、そのほかに世界を支配しているものなどほとんどない。誰かの知的影響などまるで受けていないと思い込んでいる叩き上げの人間でも、たいていは、いまは亡き経済学者の思想にとらわれているのだ」

つまり、深遠な思想を持てば人々の記憶に残ることになる。

ゲイツ氏の考えのほうが、ソロス氏の考えよりもやや説得力がある。実際、一九三三年のケインズの文章を読むと、そこにすでにゲイツ氏の考えが含まれていることがわかる。

「第一次世界大戦後に私たちが経験してきた、国際的ではあるが個人主義的な退廃的資本主義は成功ではない。知的でもない。美しくもない。公正でもない。道徳にかなってもいない」

現在、資本主義はまたしても正当性を問われている。ゲイツ氏が対処しようとしているのはこの問題だろう。ケインズがこれを書いたのは、ちょうどアメリカの生産活動が三〇パーセント落ち込んだときであった。世界一裕福な国でも、飢餓に近い状態で生活している失業者が何百万人といたのだ。

確かに私たちは、それから大いに進歩してきた。二十世紀後半に資本主義がこれほどの豊かさをもたらすとは、第二次世界大戦直後には想像もつかなかったであろう。しかし、現代資本主義の報酬構造には大きな不安がある。きわめて正当な根拠のある不安だ。現在、金融資本市場発の危機が発生し、まさにあの一九三〇年代と同じ状況になっているのだ。

それでいて、産業界のリスク＝報酬構造はまったくバランスがとれていない。メイフェアやセントラルパークの高級アパート、コッツウォルズの大別荘、サウサンプトンやイーストハンプトンの大邸宅、これら銀行家が所有していた不動産は、銀行家が職を失ったとしても手元に残るだろう。問題なのは、ほかにも職を失う人を何百万と出してしまいかねないことだ。銀行のバランスシートは、公共セクターの資金投入がなければ立て直すことができない。銀行家が犯したあやまちの尻拭いをするのは銀行家以外の人々なのだ。

現在も一九三〇年代と同じように、資本主義に対抗できる、資本主義よりもはるかに不吉なあの政治経済体制が、世界中の発展途上国の目の前に提示されている。周知のとおり、最も広義の意味での繁栄をもたらすには、計画経済および権威主義よりも、市場経済および民主主義のほうがはるかに適している。しかし一九三〇年代にはそうは考えられていなかった。当時は、明らかに衰退していた資本主義とは対照的に、ソ連型経済が成功するものと思われていた。今日も、さまざまな手段で一億人近くの国民の命を奪ってきた政権が支配する中国が、アメリカの一番のライバルとなっている。

実際にゲイツ氏が訴えているのは、ビジネス倫理全般の再評価である。再評価によって、資本主義と市場メカニズムが損なわれるわけではない。歴史を見ても、何の拘束も受けることなく利潤を最大化できるような恵まれた環境で市場が機能していたことなどほとんどないからだ。

先にウィリアム・イースタリー教授が「いくら道義心に訴えかけた慈善を勧めてみても、大半の人の行動に与える影響はごく限られている」と言ってゲイツの訴えを退けたのは、きわめて不当である。資本主義エリートの行動を決めるのは、単純なインセンティブばかりではない。

人間の行動や態度がネットワークを通じていかに広まっていくのかという点について、この十年のあいだにさまざまなことがわかってきた。社会的相互作用が重要な意味をなす市場、すなわち、他人の行動により趣味や好みがすぐに変わりかねない市場では、慈善を勧めることで、金銭的インセンティブの持つ直接的な効果がなくなる場合もある。

たとえば、ブリティッシュ・エアウェイズのウィリー・ウォルシュが最近したように、企業の業績悪化を受けて莫大なボーナスを返上するCEOが増えれば増えるほど、他のCEOが追随する可能性も高くなる。必ずそうなるというわけではないが、可能性は高くなる。

もちろん、こうしたタイプのネットワークには強固な面と脆弱な面がある。最も一般的な行動や態度というものは、多少の例外に直面してもそう簡単には崩れない、という意味では〝強固〟である。CEOがボーナスの受け取りを拒否したり、ビル・ゲイツが創造的資本主義を呼びかけたりするといった例外的な行動が、システム全体に広まる可能性はわずかしかない。しかし、さほど重要でもない出来事がシステム全体に広く浸透することもしばしばあるという意味では〝脆弱〟でもある。

社会的な規範や倫理がどのように発展していくのか、私たちはほとんど何も知らない。それにもかかわらず、規範や倫理は、実社会で活動していくうえできわめて重要である。ゲイツ氏は、欧米の実業界のリーダーは態度を改める必要があると言っている。そうすれば経済発展が加速するはずだ、と主張しているのだ。

そうかもしれないが、それだけでもない。ゲイツ氏の主張のおかげで、多くの問題を抱えている市場経済や資本主義思想、さらには自由民主主義という政治体制の利点を再確認するという、もっと重要な成果が得られるかもしれない。

従来の資本主義でも十分に道徳的である

ウィリアム・イースタリー
ニューヨーク大学経済学教授。
ブルッキングス研究所上級研究員

私は、ポール・オーメロッドの批判にはいささか当惑している。社会的な規範や倫理があらゆる人の行動に影響を及ぼすという点については、私もそのとおりだと思う。たとえば規範は、商取引における不正行為を抑止するのにかなり効果的である。あからさまに不正行為をおこなえば、ビジネスマンは非難され追放されることになるからだ。しかし、需要のあるものをたくさん売るのは、不正行為でもなければ倫理にもとる行為でもない。オーメロッド教授は、ビジネス倫理のどこが間違っていると考えているのだろうか？

それに、企業の慈善活動が、貧しい人々にも、また資本主義のイメージにも大きな変化をもたらすほどの社会規範になってきたという証拠が、いったいどこにあるというのだろうか？　確かに、ＧＡＰが販売するＲＥＤブランドのＴシャツを買えば、エイズ患者にわずかではあるが利益の一部が寄付されるため、創造的資本主義に好印象を抱く人もいるかもしれない。しかし大半の人にとってはむしろ、従来の資本主義のおかげで非熟練労働者の賃金が上がったのだという思いのほうが強いだろう。

資本主義の弁護をし、資本主義の欠陥だと思われている問題を正すために企業が形ばかりの慈善活動を提供するという論理は、説得力がない。消費者が企業に対し、貧しい人々にわずかであっても利益の一部を寄付するよう要求すれば、企業はきっとその要求に応えるだろう。しかし、私が知っているありとあらゆる過去の実績を見ても、こうした慈善活動は、貧困に対抗する力としては取るに足りないものである。貧困を根絶するもっと確実な方法は何かと言えば、従来の資本主義の力をあますところなく利用すること、ただそれだけである。資本主義の力は、過去数十年のあいだに世界の貧困が徐々に減少していることで十分に証明されている。

大恐慌のせいで一部の人間がソ連の計画経済を支持するようになったというのは事実だが、その選択は明らかに誤りだったのではなかっただろうか？　現在の金融危機を憂うあまり再び同じあやまちを犯すような人が出てこないことを願っている。大切なのは、短期的ではなく長期的な視野を持つことだ。

オーメロッド教授がライバル視している中国共産党独裁政権も、長期的に見れば、飢饉、大躍進政策の失敗、文化大革命、何千万もの人の死を経験している。中国の最近の急成長も、共産党の官僚たちが、全体主義的権力の大半を市場にゆだねたために起こったものである。

確かに資本主義は、擁護のしがいがないほど不安定で不平等である。その証拠に、金融危機は何度となく繰り返されている。しかし、資本主義以外に、これほどの豊かさ（この点についてはオーメロッド教授も認めている）をもたらしてくれそうなシステムがあるだろうか？　長期的な視野でそのことを正しく理解していた二十世紀の経済学者が、ヨーゼフ・シュンペーターとフリードリヒ・ハイエクである。二人は、〝創造的破壊〟（訳注：非効率な古いものが効率的な新しいものに駆逐されていくことで経済発展するというシュンペーターの考え方）が絶えずおこなわれることと、自由な個人が無秩序かつ予測不可能な形でたがいに影響し合っていることを理解するとともに、そのきわめて無秩序な自由から、いまだかつてない物質的豊かさが生まれることに気づいていたのである。

完璧を望んでいては善をなすことはできない

オックスファム・インターナショナル
上級政策顧問
エリザベス・スチュアート

企業がこれまで以上に社会的責任を果たしても、世界の貧困を解決することにはならないという点では、先のウィリアム・イースタリーの意見は正しい。しかし、それでは論点がずれている。深遠な思想となり得るビル・ゲイツの主張に、そのような意見で反対すべきではない。創造的資本主義論には、貧しい人々を悲惨な状態から救い上げるために必要な要素が含まれているのではないだろうか?

真の創造的資本主義は、企業の広報部だけのものではない。それどころか、企業の重要なビジネス機能の中核をなすだろう。確かに創造的資本主義は、利益もしくは評価を、運がよければその両方をもたらしてくれる。だが、それだけではない。創造的資本主義とは、革新的な方法、新たな協力関係という意味でもある。そして、これこそが真の変革をもたらす絶好のチャンスを与えてくれるのだ。

例をあげよう。民間セクターが地球温暖化について考えるときには、通常、CO_2排出量の削減を目指す戦略が中心となる。本社や現場でのCO_2排出量をどのように削減していくかを提示するのである。しかし真の創造的資本家は、地球温暖化によって自分たちのビジネスモデルが脅かされていると同時に、貧しい国々の進歩も脅かされていることに気づき、その問題に対処すべくもっと根本的な方法を探し求める。また、環境保護活動家とともに議会へも働きかける。そして自社のサプライチェーンにさらに投資をし、気候パターンが大幅に変化したとしても、アフリカの綿花農場が作物を栽培しつづけることができるようにする。さらに、貧しい国々の地域社会と協力し、太陽電池式の安価な調理器などの技術開発をおこなう。こうした技術は、豊かな世界でも利用できるかもしれない。

製薬会社が貧しい国々に薬を寄付すれば、よい評判が立つ。しかしこうした行為は危険をはらんでもいる。その企業に減量経営をする必要が生じた場合、ザンビアやレソトでおこなわれていた無償レトロウイルス対策プログラムは中止となり、現地の人々に悲惨な結果をもたらすことになるからだ。とはいえ、たとえば、薬をできるだけ早く特許対象からはずすなど、長期的な視点から貧しい人々が薬を入手しやすくなるよう努力している製薬会社は、真に慈善活動をおこなっている企業だと言えるのである。

またイースタリー教授は、貧しい消費者が望んでいることを知るのはむずかしいと言うが、企業家はそれをうまくやってのけている。ピラミッドの底辺にいる人々も、製品を購入するときには、ほかの顧客とまったく同じように財布と相談する。プロクター&ギャンブルの元CEOが著した『解放されたインド』（二〇〇一年刊、未訳）によると、彼の企業は、農村部の人々には粉末シャンプーを一回分ごとに袋分けするなど、製品を実際に購入できるような形で販売しているという。

これは何も、革新的な方法と新たな相互関係さえあれば十分だと言っているのではない。企業セクターが心から問題解決に一役買おうとするのであれば、規制の強化、労働条件の改善など、企業にとってありがたくないことも受け入れなければならない。イースタリー教授は、資本主義が世界中の人々の役に立っている一例として、工場に多くの人を雇い入れていることをあげている。確かにそうだが、高賃金の仕事を外国人にあて、利益の大半を国外に持ち去ってしまっている国際企業があまりに多すぎるのも事実である。

もちろん私たちは現実を見つめなければならない。発展には時間がかかるのだ。とはいえ、工業化される前のヨーロッパが苦難の道をたどったように、アフリカの国々が何世紀にもわたり苦しむのを傍観しているわけにはいかない。アフリカの国々が発展の階段を数段飛ばしに駆け上がることができるよう知識を移転することは、おそらく可能であろう。しかし、手っとり早い解決策など存在しない。うまくいくことというのはたいてい、やる気が失せてしまうほど時間のかかるものなのだ。ところが、イースタリー教授の見解は、これまで専門家による開発が失敗してきており、進歩のスピードも上がらないため、慈善活動による開発には見切りをつけたほうがいいと言わんばかりである。完璧を望んでいては、善をなすことはできないのではないだろうか？

ゲイツは昔の彼ならず

『フィナンシャル・タイムズ』紙
コラムニスト
クライヴ・クルック

マイクロソフトと聞いて私が最初に思い浮かべるのは、どうやら〝よき企業市民〟というイメージではなさそうだ。むしろ、〝世界の変革者〟〝見事に富を築き上げた企業〟〝無慈悲な商売敵〟（ビル、すまない。悪気はないんだ）といったイメージが浮かんでくる。その創立者がダヴォスで聴衆に呼びかけたように、起業してから十年や二十年のあいだに、企業の目的とは直接関係のない慈善活動にかなりの時間と労力を費やしていたとしたら、マイクロソフト社はどうなっていただろうか?

したがって、私がビルのスピーチを聞いて第一に思ったのは、これは、「私のかつての行動にこだわらず、いまの言葉に従いなさい」という常套句の滑稽な一例にすぎないということだ。ビルはこれまで、あのスピーチの内容に従ってマイクロソフト社を経営していたわけではない。マイクロソフトの株主、ひいては世界全体が、その事実に感謝していいだろう。

ビル・ゲイツは長年にわたり、創造的ではない昔ながらの資本家であったがために、世界を変革し、驚くほど寛大な、そして著しく創造的な慈善家になる資力を蓄積することができた。ビルとメリンダの並はずれた慈善活動は、マイクロソフトの金融資産もしくは知的資源にかけられた税金というわけではない。そうした活動は、二人の個人的な資産でおこなわれている。これは、企業の慈善活動ではなく個人的な慈善活動であり、ビルのスピーチは、この重大な違いをいくぶんあいまいにしている。

ジョン・D・ロックフェラーの哲学は、どんな手段を使ってでも事業を成功させることだった。その結果ロックフェラーは、晩年に慈善活動に費やす多くの財産を手にした。そのほかの点はともかく、ロックフェラーのこうした明快な姿勢が好きだという点で、私はミルトン・フリードマンと同意見である。

私の意見では、ビルが推進したがっている〝企業の社会的責任〟という理念は、複雑でまとまりがなく、たとえ何らかの成果をあげたとしても、利益を追求する意欲を減退させ、妨げる可能性を秘めている。企業は企業であるべきなのだ。利潤を最大化して富を築いた者が、税金を支払った残りの財産を慈善事業に費やせばいい。

たとえ慈善事業に費やさなかったとしても、経済活動それ自体によって、やはり世界はよくなる。マイクロソフトがその経済活動を通して世界の福利に貢献した度合は、ゲイツ財団の助成金、およびマイクロソフトの株主や従業員が支払った寄付金すべてを足した額よりも、桁違いに大きいのである。

マイクロソフトは、その規模といい成功の度合といい極端な例だが、それにもかかわらず、きわめて一般的な経営活動を体現している存在でもある。すなわち、世界的な大成功を収めた企業は、常に製品を改良し、事業を成長させ、商売敵をつぶすことに専念している。アダム・スミスの言葉によれば、こうした仕事に精を出している実業家は、たとえ本人にその気がなくても、世界全体の繁栄を促進している。

しかしビルは、それでは不十分だと言う。資本主義はまた創造的でなければならない、と主張するのだ。これに対し、なんと言えばいいのだろう？　資本主義は、もともと創造的なものである。ほかに言いようがないではないか。〝創造的〟資本主義というこのくどい表現にどんな意味をつけ加えるかにより、かえって〝創造的資本主義〟のほうが既存の資本主義よりも創造的でなくなってしまいそうな気がする。

この問題にはまた後で触れよう。しかし、そもそもビルは、現行の資本主義が創造的でないと言っているわけでは〝当然〟なく、ただ、もっと創造的なものにすることができるはずだと言っているだけだ。マイケル・キンズレーもそう断言している。マイケルがわざわざそう釈明しなければならなかったということは、ビルの言葉の選択が適切でなかったということだろう。ちなみにビルは、資本主義はあるきわめて重要な点において制度的に失敗している、と言っている。

「どうしてニーズの満たされている人々ばかりがグローバル経済の恩恵をこうむり、ニーズの満たされていない人々がその恩恵を受けられないのでしょうか？

それは、市場のインセンティブのせいです。市場のインセンティブがこのような事態を生んでいるのです。

純粋な資本主義体制では、裕福な人々のために働こうとするインセンティブは、多くの見返りが期待できるため高くなりますが、貧しい人々のために働こうとするインセンティブは、あまり見返りが期待できないため低くなります。とくに相手があまりに貧しい場合には、そうした人のために働こうとするインセンティブなどまったくなくなってしまいます」

資本主義の下では、裕福な人ほど得をし、貧しい人ほど損をするのか？　カール・マルクスも同じようなことを言っていなかっただろうか？　しかしそんなことを言うのはナンセンスである。資本主義は大量の富裕層を生み出した。貧しい人々のために働こうとする市場インセンティブがないかどうかということについては、ウォルマートの創業者サム・ウォルトンに聞くといい。しかし、こうした思い込みは実際、広く浸透してしまっている。

まさかビルが、自由企業による資本主義以外に繁栄を拡大する最良の方法があると考えているとは思えない。しかしビルはスピーチのなかで、そうした資本主義を疑問視するような振りをしている。つまり、資本主義を根本的に悪と思い込んでいる人々に真っ向から反対するのではなく、そうした偏見を持つ人々を懐柔しようとしているのだろう。これはいわば方便であり、私は、たとえ資本主義を疑問視しても、経済的に排除された貧しい人々になんら恩恵がもたらされることはないと思う。

言葉の問題はさておき、ビルは〝より創造的な資本主義〟という言葉を使って具体的に何を言おうとしているのだろうか？　いくつかのことが考えられる。一つは、効率的な慈善、言うなれば〝創造的慈善〟である。〝創造的資本主義〟よりも、ゲイツ財団の実態にはるかに適した標語だ。ゲイツ財団は、慈善の規模の大きさばかりでなく、その効率および有効性にかんする厳密な検証をおこなうことにより、慈善活動のあり方を変えてきた。言い換えれば、ゲイツ財団は慈善活動にビジネス的な考え方をとり入れたのだ。それ自体は文句なくすばらしい。遅すぎたぐらいである。しかし実のところ、あのビルのスピーチを聞いて多くの人が理解したのは、それとは正反対のことだった。私が称賛したのは、慈善活動にビジネス的な考え方をとり入れることであって、ビジネスに慈善活動的な考え方をとり入れることではない。

実際、一般的な株式公開企業であれば、ビジネスに慈善活動的な考え方を取り入れるのは問題がある。これについてははっきりさせておこう。株式公開企業の場合、その慈善活動が、株主の指示によるものではなく、株主の利益にかなうことを意図したものでもなければ、窃盗も同然である。ウォーレン・バフェット自身、創造的資本家になる前によくそう言っていた。他人の出資金を寄付するのは、親切なことかもしれないが、倫理にもとる行為でもある。現代企業経営者は、自分たちが企業の所有者ではなく従業員であること、自分たちの本分は株主に対する義務を果たすことにあると常に自覚していなければならない。企業の社会的責任にばかり気をとられていると、それを忘れてしまいかねない。

もちろん、〝創造的資本主義〟という言葉は、実のところ、株主の利益にかなう慈善活動を意味しているとも考えられる。たとえば、顧客の企業イメージを改善したり、優秀な従業員を低コストで容易に確保できるようにすることで、株主の利益になる。また、ときには社会福祉への投資も収益性の高いビジネスになる。マイクロファイナンスといった低所得者向けの小額の金融サービスがその一例である。

皮肉屋と呼ばれてもしかたないが、結局「読み書きがまったくできない人やわずかしかできない人でも、ちょっとした訓練を積むかほんの少し人の手を借りるだけで即座にパソコンを利用することができるような、テキストを使わないインタフェース」を開発するというゲイツの計画も、いくらかの儲けにはなろう（誤解のないように言っておくが、利益のあがる可能性がある以上、私はその考えに反対しない）。こうした慈善活動の初期費用も、実際には単なる企業投資の一形態にすぎない。

株主の利益にもなるこのような慈善活動の機会が見逃されているのであれば、創造的資本家を連れてきて、そうした機会を見出し、活用させればいい。しかし、そのような活動は、新たな形態の資本主義でもなければ、ビジネスに対する新たな考え方が必要な〝第三の経済システム〟というわけでもない。従来のビジネスと同じだ。しかし私はそれでいいと思っている。従来のシステムではいけないと主張しているのはビル・ゲイツなのだ。

さしあたっての締めくくりとして、あのスピーチを聞いて私ががっかりした部分をもう一つあげておく。

「ここ「ダヴォス」にいらっしゃる偉大な考えの持ち主であるみなさんに考えていただきたい問

題があります。各企業はその能力や知性を駆使して貧しい人々のために活動をおこないますが、その活動内容を測る尺度を、企業、政府、NGO、メディアがどのようにつくり出していけばいいのか、という問題です。こうした尺度は、創造的資本主義の重要な要素です。尺度があれば、立派な仕事に評価を与えることができます。そうなれば、貧しい人々のために数多くの活動を展開した企業は、必ず市場にもとづいた報酬を得られるようになります」

ゲイツは、社会事業を比較することができると考えている。すなわち、何らかの価値判断をもとに、ある企業はほかの企業より立派な活動をしているので、より多くの〝評価〟を受けるにふさわしいと判断することができるという。

しかし、こうしたことは比較のしようがない。どんなに優秀な頭脳をもってしても、比較できないものを品定めすることなどできないだろう。さらにゲイツは、よりにもよって企業、政府、NGO、メディアが一致協力し、社会事業を評価する統一的な尺度を考え出すことを想定しているようだ。社会事業を評価することができれば、社会事業を管理することもできる、と言っている。かつてのビル・ゲイツが、果たしてそんなことを考えたであろうか。

フリードマンの問題は「想像力の欠如」である

ブラッドフォード・デロング
カリフォルニア大学バークレー校経済学教授。全米経済研究所研究員

この討論に参加したことで私は、ミルトン・フリードマンが一九七〇年に著した論文『企業の社会的責任』について、何十年も前から胸につかえていたものが下りた気がした。これまでの私には、フリードマンの論拠がまるで理解できなかったのだ。

企業の社会的責任について、フリードマンはこう書いている。

《企業経営者は、誰かほかの人の資金を社会全般の利益のために使うことになる。経営者の〝社会的責任〟にもとづいてとった行動が株主へ還元される利益を減少させるなら、経営者は株主の資金を流用していることになるし、経営者の行動が消費者に対して価格を引き上げることにつながるのであれば、消費者の資金を使っていることになる。経営者の行動が一部従業員の給与の引き下げに結びつくのであれば、経営者は給与を下げられた従業員の資金を使ってい

ることになる。

株主や消費者、労働者は、望めば自身の資金の使途を自由に選ぶことができる。したがって、株主や消費者、労働者が選ぶであろう資金の使途とは別の使い方をする場合に限り、経営者は株主や消費者、労働者の代理人としての役割を果たすのではなく、〝社会的責任〟を明確に遂行していると言える。しかし、経営者が他者の資金を社会全体のために使うことは、実質的に他者に税金を課し、その税収の使途を決定していることと同じになる。》

フリードマンは社会的責任というものをまったく取りちがえているようだ。むしろ、次のように言うべきではないだろうか。

●消費者は、余計に代金を支払いたくないため、社会的責任を遂行している企業からは製品を買いたくないと思えば、（製品市場が競争状態にある限り）好きなときに自由にそうすることができる。

●労働者は、社会的責任を遂行している企業で働いていると十分な賃金が受け取れないため働きたくないと思えば、（労働市場が競争状態にある限り）好きなときに自由にそうすることができる。

●投資家は、社会的責任を遂行している企業に投資していると十分な利益が得られないため投資したくないと思えば、（資本市場が競争状態にある限り）好きなときに自由にそうすることができる。

労働者や消費者や投資家が、企業の経営者に対し、社会的責任という目標を遂行していくことを求めているのなら、何の問題があろうか？　経営者は、どう考えても間違ったことはしていない。いやむしろ、有益な役割を果たしている。労働者、消費者、投資家から信任を受けた正当な代理人として、社会的責任という目標を追求していることになるからだ。

この経営者は、労働者や消費者や投資家が求めていることを達成するために、資金をプールする役目を果たしている。企業にとっては、こうした資金プールの仲介をするという役割が重要である。それこそが大規模組織が存在しているそもそもの理由なのだ。であれば、利潤最大化にばかり目標を限定する必要があるだろうか？

フリードマンが返事をしてくれるはずもないが。

「どんな害があるのか？」

『フィナンシャル・タイムズ』紙
コラムニスト
クライヴ・クルック

私は、企業の社会的責任に対するフリードマンの見解に賛同すると公言したばかりなので、フリードマンは社会的責任というものをまったく取りちがえていると言う先のブラッドフォード・デロングの立場に対して、速やかに返答する義務がある。企業が金儲け同様、慈善活動にも力を注いだとしても、労働者や消費者や投資家がその事実を知ったうえで、それに満足しているのであれば、何の問題があろうか、とデロングは言っている。

それに対しフリードマンが何と答えるかわからないが、私も、何の問題もないと答える。ただし、誰もだまされていないという意味においてである。同じ意味において、企業がこれからは慈善活動のみに専念するつもりであり、いかなる金儲けもするつもりはないと言ったとしても、投資家を含むあらゆる関係者がそれに満足しているのであれば、やはり何の問題もないだろう。ついでに言えば、企業が、従業員の生活を悲惨なものにし、消費者には適正価格の二倍で売り、投資家からは最後の一セントまでだまし取ることにしたと言ったとしても、あらゆる利害関係者がそれでいいと思ったのであれば、何の問題もないだろう。つまりは自己責任ということだ。

問題は「何の問題があるのか?」ではなく、「どんな害があるのか?」なのだ。すなわち、無難な組織原理はいくらでも作り上げることができるが、大切なのは、そのうち最良の結果を引き出せる原理はどれか、ということである。

フリードマンは、社会に有益な結果をもたらすことのできる組織原理として利潤動機が利用できるのに、その利潤動機があまりに過小評価されていると考えた。私の意見を言えば、その点については間違いなくフリードマンが正しい。ところが、利潤追求型資本主義はジャーナリズムで酷評されている。ビル・ゲイツなみに社会の繁栄を推進してきた資本家でさえ、そのような資本主義を擁護しようとはしない。だからこそ、企業の社会的責任が流行しだしたのである。

これは主に、利潤動機に対して多くの人が抱いている誤解から生み出されたものだ。フリードマンの論文の主旨は、その誤解を解くこと、そして、利潤動機とは異なる——利潤動機よりも賢明だと考えられている——組織原理を採用することで生じる予期せぬ影響に、世間の注意を喚起すること、主にこの二点にあると思われる。

利潤追求に限らない企業目標を幅広く採用することで、私たちの生活は本当によくなるのだろうか? ゲイツが最初から社会的責任に熱心だったら、いったいいまのマイクロソフト社やゲイツ財団があるだろうか。

格差を埋めようとする企業こそが、世界市場の不安定さを克服する

『エコノミスト』誌チーフライター
マシュー・ビショップ

利潤最大化こそ資本主義の正統な目的であると主張する人々は、どうして創造的資本主義という考え方に思わずたじろぐのだろうか？　その理由を探してみると、こうした考え方を称賛すれば、資本主義批判ともなり、ほかの経済システム（たとえば国家による計画経済）を推進する人々に屈することになりかねないからだ。こうした心配はもっともである。資本主義は地球上の人々のニーズを満たすことのできる最良のシステムなのだから。しかし私たちは、もっと自信を持つべきだと思う。そしてもう少し現実を見つめるべきなのだ。

とりあえず、「企業経営者には、企業収益を最大化するという〝受託者の義務〟がある」という主張には誰もが賛成だとしよう。問題は、企業経営者がほとんどその義務を果たしていないということにある。

この二十五年間、株主はますます利潤最大化を支持するようになってきたにもかかわらず、そ

の目標に到達していない企業が多いように思われる。株主にうながされてこの目標を採用した企業でさえ、うまく達成できないことが多い。原因は、長続きしない方法で短期的に採算性を向上させているだけなのに、それを長期的な利潤最大化戦略だと思い込んでいるところにある。なぜそうなってしまうのか？

たとえば、株価の上昇率から判断して成功したと言える創造的資本主義企業に、インターネットを介したＣＲＭサービスを提供しているセールスフォースという会社とグーグルがある。両社とも〝一パーセント・ルール〟に従い、株式、収益、従業員の時間の一パーセントを非営利団体や教育団体に寄付している。これは、公益を追求していけば、市場でその見返りを受けられることを示唆している。

この場合、株主はこうした社会的活動に資金を提供していると言うこともできる。短期的に株主は、ほぼ間違いなく収益を犠牲にすることになるが、経営者はいずれ、ＰＲ慈善活動や活性化慈善活動（ポズナーの見事な分類法による）からの収益がその犠牲を上まわるものと見込んでいるからだ。あるいはおそらく、ゲイツが主張しているように、創造的資本家としてミッション経営（訳注：事業を通じて社会的役割を果たそうとする経営）をすることが、世間の評判や求人といった点にも、生産性にも、有益な影響を及ぼしているということもあるだろう。

しかし、創造的資本主義がそれほど収益性の高いものなら、なぜそれを実施している企業がこんなに少ないのだろうか？　また、社会的責任に投資すれば株主の利益にもなるというのなら、利潤最大化を目指す資本主義を支持する人々が、社会支援を目的とする企業プログラムに賛同したがらないのは、どういうわけなのだろう？

企業市民活動に投資する時期を逸したために、収益を逃してきた企業が多数あることは間違いない。なかでも有名なのは、シェル、ナイキ、ネスレである。これらの企業はいずれも評判を落とすことにより市場シェアを失い、それを取り戻すために巨額の投資をしなければならなかった。しかしこうした企業が、もっと早くから社会的事業にかなりの資金を集中的に投じていたとしたら、利潤最大化こそ資本主義の正統な目的であると主張する人々は、それを支持しただろうか、それとも批判しただろうか？

ＣＳＲ活動の大半は無駄かもしれないが、マーケティングにかんする昔からの常套句にこんなものがある。

「宣伝費の半分が無駄であることはわかっている。ただ、どの部分が無駄なのかがわからない」

大企業は複雑な世界市場で活動している。世界市場はきわめて不安定である。創造的資本主義は、そうした不安定を克服する一つの対応策なのだ。この討論の課題は、何が役に立ち、何が役に立たないのかを見きわめることであり、利潤最大化により成し遂げられてきた奇跡を数えたてることではない。

資本主義を擁護する人々が、〝創造的〟資本主義を望んでいないように見えるのは、一つには、企業と政府のあいだには明確な役割分担があるべきだという前提が彼らにあるからだ。これについては、ミルトン・フリードマンの論文のなかに雄弁に語られている。そこで用いられている論拠は次の二点だ。

一、「『公益のために商売をしている振りをする人々』からどれほどの恩恵を期待できるかについては、私もアダム・スミス同様、疑念を抱いている」

二、利潤の最大化以外に社会的な目標を推し進めている企業は、「民主的な手続きで実現できないことを非民主的な手続きでやろうとしている」

第二の点を先に見てみよう。ここには、民主的な手続きは効率的であるという暗黙の前提がある。しかし、こうした手続きが破綻している場合がある。発展途上国ではよく見られることだ。その場合でも、企業は〝公益〟の問題に干渉すべきでないと言えるだろうか？　干渉すべきでないかもしれないが、できもしない完璧を望むあまり、善を犠牲にしていいのだろうか？

リチャード・ポズナーはこうした反論を見込んで、〝慈善活動〟は発展途上国の改革を求める力を弱めるだけだと主張している。しかしこれは、フリードマン同様、第一原理（訳注：ほかのものから推論することのできない命題）を論拠にしているわけではなく、経験的なものである。おそらく、民衆のフラストレーションを緩和するための一時しのぎの慈善活動であれば、それは〝民衆のアヘン〟となり、ポズナーが予期したような不幸な結果をもたらすだろう。

しかしうまくおこなえば、実際に社会統治（ソーシャルガバナンス）の質を向上させることができるはずだ。たとえば強力な民間機関の設立および人的資源の育成に投資すれば、社会を変革することができるかもしれない。

ここで、フリードマンの言う第一の点が問題になってくる。実際フリードマンは、この点を裏づける証拠を提示していないのだが、それによれば、企業が社会的問題に携わっても、大した成果をあげることはできないだろう、という。この点については正しいと言える。CSR活動の多くは表面的で、企業はその活動の影響を考慮していない。競争により企業の効率が向上するというのも正しい。しかしこうしたことは、創造的資本主義の課題にこそなれ、創造的資本主義への反論とはならない。

創造的資本主義を支持する人々は、自分たちがしている活動の透明性を確保するとともに、〝賢明な利己心〟が長期的には利潤を最大化してくれることを理由に、社会的責任投資を認めるよう株主を説得しなければならない。その際、株主はきっと、リスクや不確実性を管理するため、企業の資産を最も効果的に利用しているかどうか突っ込んだ質問をしてくるだろう。しかし株主はおそらく、企業が研究開発や世界進出へ投資するときと同じ理由で質問をしているだけなのだ。こうして創造的資本主義は、その可能性を発揮していくのかもしれない。

いまは困難な状況だが、資本主義には自己修正機能がある

ニューヨーク大学経済学教授。
ブルッキングス研究所上級研究員
ウィリアム・イースタリー

資本主義はいま実に困難な状況におちいっており、一時的に道を踏みはずしている。しかし資本主義には自己修正機能がある。だからこそ道は絶えず前へ前へ、上へ上へと延びているのだ。自由民主資本主義が、地域に関係なく驚異的な量の〝モノ〟を生み出してきたことを、声を大にして言いたい。この数十年間を象徴する出来事は、二〇〇七年から二〇〇八年にかけての金融危機ではなく、一九六〇年以降、人類史上最も多くの大衆が貧困から解放されたことである。

無責任なリスク負担や詐欺をまんまとやってのけた一部の悪党のために、全体像を見失うようなことになってはならない。そのような有害なCEOは、自由経済の秩序を恐れ憎む人々が呼び出した、文字どおりの化け物なのだ。

しかし、そのような資本主義史上最悪のCEOでさえ、ほかの制度における最悪の指導者がおこなってきたような犯罪をおかしたことがあるだろうか？　前世紀における最悪の政治指導者、

あるいは、異端審問から現在のテロリズムに至るさまざまな悪行を指揮してきた最悪の宗教指導者と比較してみるといい。

私は、一部の良心のない経営者が働きに見合わない高額の報酬を受け取ることがあるにしても、民主資本主義に賭けてみたい。退屈に思われようとも、経済学者が言うように、一時的な恐慌や噂、有害なＣＥＯにかんする映画じみた固定観念よりも、統計上の動向や資本主義の総合的業績を重視すべきなのだ。

評価システムによる経済の活性化

ハーバード大学開発社会学教授
マイケル・クレマー

ビル・ゲイツによれば、企業が貧しい人々のために働く動機として、金銭的報酬ばかりでなく評価も取り入れるべきだ、という。この意見に反応を示した人の大半は、それに強く反対し、企業の義務は、株主の金銭的利益のために働くことにあり、それ以外はどんなことも、現在の繁栄を築き上げてきた資本主義システムを弱体化させるおそれがある、と主張している。このような批判をする人は、企業はただ金儲けだけに専念し、その儲けを再分配する方法については政府と慈善家に任せたほうが効率がいい、という立場をとっている。

株主に対する義務こそＣＥＯが果たすべき第一の義務である、という点では私も同意見である。創造的資本主義であれば、政府に代わって富の再分配をおこなうことができるなどと幻想を抱いているわけではない。企業は、株主のために利益をあげることを第一義としており、またそうすべきであるし、政府は再分配の問題に対処すべきである。

とは言うものの、私はミルトン・フリードマンの市場絶対主義的な立場には同意できない。状況次第では、政府よりも企業のほうが効率的に富を再分配することができるからである。

その理由はいくつかある。第一に、多くの企業は何らかの市場支配力を持っている。つまり、特定商品に対し、その価格を上げても顧客を失わないですむほど市場を支配している。同じ理屈でいけば、企業がわずかに商品の価格を下げても、企業がこうむる損失はきわめて小さいということになる。しかしそれによって社会が受ける利益は、かなり大きいと思われる。

グレゴリー・クラークやゲーリー・ベッカーは、競争の激しい産業に従事している企業が利他主義にかかわっている余裕はない、そんなことをしていたら商売ができなくなる、と主張しているが、それは疑問だ。クラークが航空産業を例にあげているので、航空産業について考えてみよう。

たとえばルフトハンザ航空の場合だ。厳密に利潤最大化という観点に立てば、最適な便数というものがある。そこで、ルフトハンザ航空が運営しているあるアフリカ便が年間一万五千ドルの赤字を出していると仮定してみよう。しかし、多くの旅行者や実業家をアフリカに連れていくことで得られる社会的利益、および、アフリカ大陸から海外へ向かうアフリカ人が支払う航空運賃を引き下げることで得られる社会的利益は、ほぼ確実に一万五千ドルを超えるだろう。私は、ルフトハンザ航空の経営者がその赤字便の運営の継続を決定したとしても、それを非難はしない。そのために企業が廃業に追い込まれるとは思わないからだ。

もう一つ航空会社の例を見てみよう。ヴァージン・アトランティック航空が南アフリカの従業員の抗レトロウィルス治療を保険で保証すべきかどうかという問題を考えてみる。

たとえば、南アフリカの労働市場が大きく、ヴァージン・アトランティック航空は、抗レトロウィルス治療を保険でカバーする健康保険制度を設けなくても、きわめて良質なスタッフを容易に確保することができると仮定してみよう。この場合、そのような保険制度を見合わせることがヴァージン・アトランティック航空にとって賢明な措置だと言えるだろうか？　そうすることで得られるどんな利益よりも、ヴァージンというブランドに与える損害のほうが大きくなりそうである。消費者は、利他的な活動をしているからという理由で企業を選ぶことはなくても、全体的なブランドイメージにもとづいて企業を選ぶことはあり得るからだ。利他的な活動はそのブランドイメージの一要素となる。抗レトロウィルス治療を提供することによって消費者を引き寄せられるのであれば、そのほうが賢明な措置と言えるだろう。

ゲイツの話のなかできわめて興味深い点の一つに、利他的な活動をしているという評判が立てば、企業が優秀なスタッフを確保しやすくなる、という主張がある。ここに寄稿している一部の経済学者は、就職しようとする人はまず第一に給与のことを考えるものであり、利他的な動機など二の次となってしまう、と考えているようだ。しかし、人々が本当に気にしているのは地位である、という考え方もある。地位を獲得する方法は、財産以外にもたくさんある。実際、地位は社会がつくる価値基準に従って与えられる。広告、ジャーナリズム、学問、芸能、軍事といった分野の専門家に与えられる賞が、その証拠である。

労働者が就職先を選ぶさい、金銭的でない要素を重視すると考えるのには、それ相応の理由がある。たとえば、ノースウェスタン大学のスコット・スターンによれば、学生たちは、論文の執筆活動を続けさせてくれる生物医薬品会社に就職するためなら、かなりの減給になったとしても、それを喜んで受け入れるという。法科大学院の卒業予定者たちの多くは、無料奉仕活動をしている企業を求めている。IT事業に従事している人たちも、多くは最先端の格好いい企業だと思われているところで働くことを望んでいる。

創造的資本主義を提唱したのが、しばしば利潤最大化を目指す資本主義のシンボルと考えられてきた人物であり、それに対し最も強硬に反対している人の多くが、学者やジャーナリスト、すなわち、評価こそが基本的な報酬形態となっている専門家たちであるというのは、いささか皮肉である。

顧客、労働者、政府当局者のなかには、利潤最大化以外の欲求を動機とする人々もいる。それがわかる人なら、株主に一ドルもたらすよりもはるかに低いコストで、貧しい人々に一ドルもたらすことのできる企業があることも、容易に想像することができる。それに、富の再分配を政府に任せると、きわめて高くつくことになろう。第一に、管理費がかかる。第二に、政府が富を再分配するには課税が必要になるが、課税には、国民の経済行動を阻害するという欠陥がある。

企業と慈善団体を合体せよ

HMSワイヤレス共同設立者・共同経営者
ロレッタ・マイケルズ

本書の討論は、世界は二つの陣営に分かれているとみなす傾向がある。つまり、〝善行〟に主眼を置く非営利的な慈善セクター、それに、利益に主眼を置く営利的な自由市場主導型のビジネス社会である。

財団、民間の投資会社、年金基金、寄付基金などの基金組織は、法律により資金の用途が定められているため、両者の分裂はいっそう深まっている。その結果、一方に、限られた資金を求めて奔走する慈善団体があり、他方に、収益率が不十分なために社会的責任投資にまわせない資金が大量にある。そのあいだには、自己資金でまかなえる慈善活動がたくさんある。

ヴァーモント州で新たに制定された法律は、事実上、企業＝慈善団体複合体と呼べるものを創出することで、この問題に対処しようとしたものである。すなわち、活動資金として民間資本を集め、資金を生み出すことのできる非課税の慈善事業体をつくるのである。低収益有限責任会社

（L3Cと略される）と呼ばれるこの法人は、通常の株式会社の特徴と、非営利団体の奉仕的な側面とをあわせ持つ。その目的は、不安定な寄付金に頼る必要がないよう、慈善活動を自己資金でまかなう方法を編み出すことだ。

この複合型事業体の重要な要素となるのが、〝プログラム関連投資〟である。内国歳入庁が認可しているこの投資は、財団は慈善活動を支援するためならば、営利的な事業計画に投資してもよいというものだ。この投資が結果的に収入を生み、投下資本の価値が上がったとしてもかまわないが、当初から営利を目的とした投資であってはならない。したがって財団は、資金を投資し、それを税務上は助成金として処理することもできるが、これまではあまりに危険なため一般的に慈善投資がおこなわれてこなかったハイリスク・ローリターンの分野にも投資することができる。

しかしいままでは、こうした投資が広く利用されることはなかった。その受け皿が明確に規定されていなかったからだ。また、この投資に興味がある財団は、個別に内国歳入庁に申請しなければならず、しかも審査に何年もかかり、何千ドルという費用がかかることもあった。しかし、L3Cはもともとこのような投資の受け皿として作られた事業体なので、自動的に内国歳入庁の基準に合致する。そのため財団は、もはや面倒な手続きを踏む必要がない。

これが実際にどういう意味をもつのかというと、L3Cとして運営されている民間組織は、さまざまな種類の資金提供者から投資を募り、投資額に応じてリスクと報酬を配分することができる。

つまり民間資本側から見れば、さまざまな投資先を組み合わせ、市場収益率が保証されるように投資することができる。したがって現在、社会的利益のために使用することができない年金基金も含め、巨額の資金を利用できる機会が与えられることになる。もちろん、地域の再開発を求める声に応えたいと思っている銀行をはじめ、慈善のためなら低い収益率でも投資することをいとわない投資家にとっても好都合だ。

Ｌ３Ｃはきわめて大きな可能性を秘めており、ヴァーモント州の新たな法は多大な関心を引き起こしている。共通の目標の達成に向けて、財団、個人投資家、非営利団体、営利団体を、それぞれ異なるリスク条件で一つにまとめることができるため、これまで日の目を見ることのなかった多くの慈善活動に道をひらくことになろう。

個々の問題を解決すべきは政府なのか、慈善団体なのか、企業なのか、そんなことを延々と議論し合うまでもなく、当事者や利害関係者が、あらゆる人のニーズに応える方法を考案することができるのだ。

サハラ以南のアフリカを自由貿易地域にする

ロチェスター大学経済学教授
スティーヴン・ランズバーグ

大勢の人を貧困から救い出すというのは、私が思いつく限り最も崇高な理想である。ビル・ゲイツがその方法について考えてくれていることをうれしく思う。私もそれについて考えてみたい。まず手始めに、かつてどのような方法が成功したか尋ねてみるといい。私が知る限り、その答えは一つしかない。どの時代をとってみても、経済全般が成長するのに伴い、貧困層が大幅に減少している。それ以外に貧困克服に成功した例はない。これは何もイデオロギー的な観点から言っているのではない。事実である。

同様に、最も効果的に経済成長をうながすのも資本主義、および資本主義を促進する政策である。すなわち低い税金、適切に行使される財産権、機能する市場、自由貿易などだ。つまり、貧困のいちばんの原因は、資本主義が十分浸透していないことにある。

しかし、資本主義を利用して貧困と闘うには問題が二つある。第一に、たとえば腐敗した第三世界の独裁者には、資本主義に対する根強い反感がある。第二に、資本主義が機能するようになるまでには時間がかかる。

私はある程度自信を持って言えるが、今後十五年にわたり熱帯病と闘っていくための唯一にして最良の手段は、サハラ以南のアフリカを自由貿易地域にすることだ。しかし、自分の子供がいまマラリアにかかっているとしたら、十五年も待っていられないだろう。

だからこそ、ビル・ゲイツが創造的資本主義と呼んでいるものについて真剣に考え、その活動に熱心に身を捧げている彼を称賛するのは、実に正しいことであり、妥当なことだと言える。しかし、その詳細を正しく理解することもまた重要である。

たとえばビルは、先進国で見過ごされてきた病気の治療に画期的な成果をもたらした製薬会社は、また別の医薬品について食品医薬品局の審査を優先的に受けることができる、とした最近の法律に賛同している。確かにその考え方はすばらしい。だが、その方法には難があるような気がする。優先的に審査を受けても何の意味もない薬もあれば、優先的に審査を受けることが数億ドルもの価値を持つ薬もある。いったいなぜ、マラリアの治療薬の報酬を、たまたまそのときに取り組んでいたほかの薬と、こんな奇妙な形で結びつける必要があるのか？

それよりも、優先審査権を競売にかけ、その収入を、先進国で見過ごされてきた病気の治療法を発見した企業への報酬として取っておいたほうがずっといい。数億ドルものインセンティブがあれば、どの企業も振り向くだろう。この案の副次的な利点として、当然のことながら、最も大きな影響を与えそうな薬に優先審査権を使用することができる。

この法律の根本的な誤りは、プロジェクトを実行するための資金をいたずらにプロジェクトそのものに求めた点にある。このプロジェクトの目的は、マラリアの治療薬に対し報酬を与えることにある。資金はどこからでも集められる。だとすれば、もっと理にかなった方法で集めたほうがいい。実際、私があげた資金調達方法はきわめて理にかなっているはずだ。その資金をマラリア研究に使うかどうかはともかく、一度試してみてはどうだろうか。

それとほぼ同じ理由から、私はREDプログラムにも違和感をおぼえる。時計を買ってエイズ研究に寄付したいのなら、その二つのことを別々にやってもいいのではないだろうか？　特にREDブランドの時計を買う必要はない。時計会社が顧客に慈善行為を奨励したいのであれば、普通の時計を売りつつ寄付を求めればいい。なぜ消費行為と慈善行為を不必要に結びつける必要があるのか？

そのように結びつけたほうが寄付する気になるという心理学的証拠でもあるのだろうか？　あるのかもしれないが、私は知らない。誰かが調査をして、そのほうが効果的だということがわかったら、ぜひ教えていただきたい。

創造的資本主義はすばらしいものだ。ただし、結びつける必要のないものを結びつけて創造性を強制する（優先審査とマラリア研究、時計の購入と寄付）のはいただけない。

ビル・ゲイツは、他人が別個のものとして考えたがるものをうまく一つにまとめていると思う。しかし私としては、この理念がもう少し良識的な形で適用されるところを見てみたい。

利益をあげることと貧しい人々を救うことは両立する

ハーバード大学開発社会学教授
マイケル・クレマー

確かに、企業があくまでも利潤の最大化を追求しながら、それと同時に、資本主義システムの創造的な面を利用して貧しい人々のニーズに対応していく方法がある。企業の利益追求活動がそのまま発展途上国のニーズに対応するようなインセンティブを生み出せばいいのである。

たとえば、おもに発展途上国に被害をもたらしている病気がある。その薬やワクチンの研究開発に製薬会社が投資するインセンティブを考えてみよう。住血吸虫症やリーシュマニア症などの寄生虫性疾患に対するインセンティブは、きわめてわずかだ。ある調査によると、一九七五年から九七年までのあいだに開発された薬は千二百種以上に及ぶが、そのなかに、発展途上諸国で猛威をふるった熱帯病の治療薬はわずか十三しかない。さらに、その十三種の薬の大半は、軍が開発したものか、もともと獣医学的な目的で開発された製品の副産物であった。

熱帯病治療薬を開発しようとするインセンティブが低いのは、これらの病気に罹患するのが主に貧しい人々だからという理由だけではない。市場および政府のさまざまな失敗も理由にあげられる。

まず市場の失敗である。ワクチンを接種すれば、自分自身を病気から守るばかりか、病気の感染経路を断つことによって、ほかの人々をも守ることができる。しかし、通常ワクチンを接種するかどうかを決めるときには個人的な利益しか考えないだろう。そのためワクチンに、社会全体に対する利益を見込んだ価格がついていたら、それを支払おうとは思わない。

次に、政府の失敗である。企業が、費用もかかりリスクも高いワクチンの研究開発をひとたび引き受ければ、途上国の政府は市場支配力を利用して、できるだけ安価にワクチンを購入したいと考える。このように、小さな発展途上国に被害をもたらしているマラリアなどの病気の研究は、いわば〝ただ乗り〟問題にさらされている。どの途上国も、規制政策や知的財産権を操作してできるだけ安価にワクチンを購入しようとするため、製薬会社がニーズの高い薬を開発しようとするインセンティブがほとんどなくなってしまうのだ。

（こうした失敗を考察していると、グレゴリー・クラークの疑問に対する回答も見えてくる。発展途上国の市民に直接金を与え、その用途を彼ら自身に決めさせてはいけないのか、という意見だ。ほとんどの場合、私は貧しい人々に助成金を与えるという考えに心から賛成なのだが、マラリア・ワクチンの研究など、まぎれもなく全地球的な公益にかんする場合には、個々の人間や国に直接金を与えても、望ましい成果は得られないだろう）

ビル・ゲイツは、ダヴォスでのスピーチのなかで、貧しい国々の病気を治療する薬やワクチンの開発を奨励する方法を一つ紹介している。最近制定されたアメリカの法律によれば、貧しい国々が必要としている製品を開発した製薬会社は、また別の製品についても、食品医薬品局の審査を優先的に受けることができるという。このプログラムについては、マイケル・キンズレーらがもっともな疑問を呈している。しかし、そのような批判にさらされることなく投資を奨励する方法がほかにもある。

一つの可能性としてあげられるのが、事前買取制度（AMC）である。AMCとは、マラリアワクチンなど発展途上国が必要としている製品について、その製品が開発されたあかつきには、複数のスポンサー（通常は政府もしくは民間財団）がその製品の購入を助成することを法的に約束する制度である。その代わりに、スポンサーから助成を受ける開発者は、その製品の価格に対し長期的に上限を設けることに同意する。適切な製品が開発できなければ、AMCの支払いはおこなわれない。最近、ゲイツ財団とともに数多くの政府が十五億ドルを投じ、AMCのパイロットプログラムを立ち上げた。年間百六十万人の命を奪っている（そのなかのおよそ百万人が子供だ）肺炎球菌のワクチンを開発するプログラムである。

注目すべきは、このAMCが、新たなワクチンを開発するインセンティブを生み出す点だけではない。ワクチンを最も必要としている人々が、確実にそれを入手することができるようにもなる。これまで発展途上諸国における医薬品については、開発者と消費者との軋轢《あつれき》ばかりが取り沙汰されてきたが、それも回避されるのである。さらに、AMCを利用することで政府は、最も成功しそうな技術的アプローチはどれなのか、あるいは、実際のところ目的の製品を作ることが技術的に可能なのかどうか、といった厄介な問題に頭を悩ませる必要がなくなる。政府はただ、スポンサーがワクチンのためにどれくらいの金額を援助する用意があるのかを伝えたら、あとは民間セクターが競ってワクチンを製造するのを黙って見ていればいいのである。

ゲイツが紹介した優先審査プログラムとAMCとの大きな違いは、AMCの場合、製品が実際に採用され利用されたときに限り、企業に報酬を与える点である。こうした仕組みにより、一連の技術仕様に適合しているだけで現実世界への適用はむずかしい製品よりも、間違いなく利用することができる製品の研究開発に取り組もうとするインセンティブが企業に生まれる。

たとえば、マラリア・ワクチンの開発にもさまざまな技術的アプローチがある。まず、短期的な効能しかないワクチンの開発というアプローチがある。このワクチンは軍人や旅行者に利用することができる。そのようなワクチンが開発されれば、軍人や旅行者がそのワクチンの商業市場の大部分を占めることになるだろう。

また、長期的な効能があるワクチンの開発というアプローチもある。このワクチンは、発展途上国で毎年マラリアで死んでいる百万人の命を守るのに適している。AMCは、製品に報酬を結びつけることにより、後者のワクチンの開発を支援しようとする試みだ。しかもこの方法は、信じられないほどコストパフォーマンスが高い。

先進諸国の医療ニーズは、公共セクターを中心とする研究開発支援と、市場利益を見込んだ民間セクターの研究とが結びつくことによって満たされている。貧しい人々の医療ニーズにかんする研究開発を促進していくためにも、同じような結びつきが必要である。最近では、研究開発を

〝後押し〟する財政的支援はかなり増大しているが、市場の〝魅力〟がいまだ不足している。AMCが、その〝魅力〟をもたらす力となり、資本主義の創造力を、一部のきわめて貧しい人々の医療問題へと振り向けることができるかもしれない。

創造的資本主義は慈善ではない

財務コンサルタント
ティエリー・ルフェーヴル

この討論のなかで、いつの間にか〝創造的資本主義〟という言葉が、〝企業の社会的責任〟〝企業の利他的行為〟〝企業の社会奉仕活動〟〝企業の慈善活動〟などの言葉に置き換わってしまっている。しかし、ゲイツ氏のスピーチのどこにも、両者が同じものだと言っているところはない。もちろん、ゲイツ氏の定義があいまいなため、突然そんな言葉が現れ、討論のなかに入り込んでくるのも無理はない。しかし私は、ゲイツ氏の定義があいまいだからと言って責めるつもりはない。最初にいくらかあいまいな部分があったとしても、それは、改善の余地があるということを意味しており、討論を刺激し、さまざまなアイデアをもたらすのに重要な要素となるかもしれないからだ。あいまいさが一つの市場戦略となることもあるだろう。

私の考えでは、ゲイツ氏の発想は資本主義と両立させることができる。事実、それは資本主義システムの力そのものに立脚している。

ゲイツ氏のスピーチを考察してみよう。

「各企業の方々には、社内のトップクラスの技術者たちの知恵を借りながら、グローバル経済から取り残された人々を支援するために何ができるかを考えていただきたいと思います」

これに対し、模範的な経済学者は思わずこんな反応をすることだろう。(ア)時は金なり。これも一種の寄付である。(イ)それが利益になるというのなら、すでにやっているはずだ。

しかし、この二つの考え方は必ずしも正しくない。

(ア)を見てみよう。企業では、社員がいつも一〇〇パーセント働いているわけではない。一五〇パーセント働くときもあれば、七〇パーセント程度しか働かないときもある。それ自体は責められるべきことではない。企業には柔軟性が必要であり、常にフル稼働させておくことはできないからだ。

しかし、労働者がいつでも張り切って仕事に取り組めるような状況を作るために、空いた時間に、斬新かつ独創的な方法で自分の技能を生かせるプロジェクトを担当させることも大切である。そのプロジェクトを〝慈善〟活動に結びつければ、〝本来の〟仕事に対するモチベーションを高めることにもつながる、というゲイツ氏の考えは正しいと思う。

次に(イ)である。企業の協調的な取り組みがあれば市場が安定し、収益性のない市場が収益性の高い市場に変わるかもしれない。たとえば、企業が延命医療に助成するのも、その助成の結果、企業の利用できる市場が大きく安定したものとなるのであれば、実に意味のあることだと言える。病気は、その悲劇的な結果とともに不安定をもたらすからだ。

富裕層に課税せよ

ジョン・レーマー
イェール大学政治・経済学教授

いきすぎた不平等を慈善活動に頼って是正するというのは、道徳的に見て非常に受け入れがたいものがある。公平を期すためには、現在、世界はもちろんアメリカで機能している所得および物質的利益の分配システムを、もっと平等なものにしなければならない。私自身を含め多くの人がそう考えているに違いない。そして現在の不公平の改善は、企業の慈善活動に任せるべき問題ではなく、国家が取り組むべき問題である。

富裕な資本家が、企業の慈善活動を通じてどれだけ富を分配してくれるだろうか？　現行の税制よりも再分配効果の高い税制を確立すれば、かなりの税収が得られるはずだ。それに匹敵する富を富裕な資本家が自主的に分配してくれるとは思わない。私の考えているように現行の富の分配が不当で不公平であるのなら、企業経営者に富の使用方法を決定するどんな道徳的権利があるというのだろうか？　いっぽう、こうした富が税金として集められたものであるなら、一般大衆が民主主義制度を通じて富の割り振りを決めることができる。

そこで私は、富裕層に課す税金をたとえ引き上げても、勤勉に働こうとするインセンティブがそこなわれることはないこと、したがって富裕層への増税が効果的であることについて以下に論じてみたいと思う。

昨年の春『ニューヨーク・タイムズ』紙に、経済学者トーマス・ピケッティとエマニュエル・サエズがまとめたデータが発表された。それによると、二〇〇五年におけるアメリカの最も裕福な世帯の上位一パーセントが、アメリカ人の総所得の二一・八パーセントを受け取っているという。これは、最も裕福な世帯の上位一パーセントが総所得の二三・九パーセントを占めた一九二八年以来、最高の集中率である。別の言い方をすれば、これらの世帯は、平均すると標準的なアメリカの世帯の二十二倍も稼いでいる。

しかし、これらのきわめて裕福な世帯も、上位一パーセントのなかのさらに上位一割を占める世帯と比べてみると、概して貧しいと言える。二〇〇四年度のデータだが、その上位一割は、アメリカの総所得の八・九四パーセント、すなわち、平均すると標準的なアメリカの世帯の八十九倍も所得を受け取っているのだ。このような所得集中は、先進民主主義国には前例のないことである。

フランスでは、二〇〇五年に同じ上位一割が受け取った所得は、フランスの総所得の一・六二パーセントだった。ヨーロッパの先進民主主義国のなかで最も不平等とされるイギリスでも、同じ上位一割が受け取っている所得は、イギリスの総所得の四・七二パーセントである。

一九六〇年には、こうした大富豪は、全アメリカ人の平均税率の三倍以上の所得税を支払っていた。しかし二〇〇四年には、たった一・三倍でしかなくなってしまった。このように、相対的に見て大富豪たちは、この四十年間、所得税の大幅削減に恵まれてきたのである。

頂点の人々にこれほど税引前所得が集中するようになってしまったのはなぜだろうか？　高所得者に対する税率がこれほど大幅に削減されてしまい、税引後の所得分配が先進民主主義国のなかでもひときわ偏《かたよ》ったものになってしまったのはなぜだろう？

税引前所得が一部の人に集中するのは、主にＣＥＯやスポーツ界のスター選手、映画俳優らが莫大な報酬を得ているからである。一流企業のＣＥＯが莫大な報酬を得ているのは、市場の不完全性もしくは市場の腐敗、なれあいなどが原因だと主張している人々もいる。

しかし、それは明らかに的を射ていない。競争市場では、市場が適切に機能していれば、それぞれの限界生産物にほぼ等しい所得が労働者（ＣＥＯを含む）に割り当てられる。たとえば、年間収益が百億ドルもあるウォルマートのような企業が、ＣＥＯを雇うことになったと仮定してみよう。

取締役会が有力候補をアリソンとビルの二人にしぼり、アリソンがＣＥＯになれば百四億ドルの収益をもたらすが、ビルがＣＥＯになるとわずかに少ない百二億ドルの収益しかもたらさないと踏んだ場合、アリソンの限界生産物（アリソンが第二候補よりもどれだけ多く企業に利益をもたらすか）は二億ドルと見積もっていることになる。アリソンが、ほかの企業からも魅力的な話を持ちかけられているのなら、その二億ドルの大部分を給料として期待できるはずである。アリソンがさほど熱心に交渉をせず、五千万ドルしか受け取らなかった場合、ウォルマートはビルよりもアリソンを雇うことで、一億五千万ドルの利益を得たことになる。

つまり、巨大企業のCEOが莫大な報酬を受け取るのは、市場の不完全性もしくは市場の腐敗の兆候があるからではなく、むしろ、市場が教科書どおりに機能した結果なのだ。これは何も、アリソンには五千万ドルの給料こそふさわしいとか、もっと安い値ではアリソンも類まれな経営者の才能を提供するようなことはしないだろう、と言っているのではない。アリソンの〝留保賃金〟(訳注：就職するための最低限の賃金)は、アリソンがどんな選択肢を持っているかに左右されるからだ。規制のない市場経済では、アリソンに多くの選択肢があるので、その給料も破格となる。

多くの企業がアリソンを手に入れようと努力するため、アリソンの給料はほぼ間違いなく巨額になる。しかし、アリソンの所得を減らすこのうえなく合法的な方法が残っている。その所得に高率の税金を課すのである。実際、巨大企業が本社を置くすべての国で高所得に高率の税金を課すことにすれば、アリソンがどこで働こうが、その税引後所得は著しく減ることになる。

現在、こうした税制を導入していない国々の中心にいるのがアメリカである。アメリカが高所得者に低率の税金を課しているため、それが圧力となってほかの国々も同様の税制をとっている。それらの国々の巨大企業が、アリソンのような優秀な人材を獲得できるようにするためである。つまり、アメリカがきわめて裕福な人々に低税率を課しているために、引き下げ競争が生じ、どの国も裕福な人々に対する税率を下げることになる。結局、国家が世界市場で優位を占めるには、できる限り優秀な才能を持った人物が率いる革新的な巨大企業が必要なのである。

この三十年間、保守系のシンクタンク——ほとんどがアメリカのものである——は、アリソンのような才能を獲得するためには、それくらい高い税引後所得が必要なのだという見解を広めてきた。しかし、そのような主張はばかげている。たとえば、さまざまな企業にその才能を求められているため、アリソンの市場所得は五千万ドルなのだが、先進民主主義国の税率が全体的に高くなったため、その手取り額が五百万ドルとなったと仮定してみよう。だからといってアリソンの労働意欲が減退するだろうか？　プールのある家で、日焼けにでもいそしんでいるほうがいいとでも考えるだろうか？

その可能性はきわめて低い。アリソンはおそらく仕事の虫であり、巨大企業の運営につきものの権力を愛し、何百万という消費者が購入したがる商品をつくることを愛し、大変な実力者だと同じ階層の人々から称賛されることを愛している。

実際、アリソンと同じ階層の人々がみな〝たった〟五百万ドルかそこらの手取り額しか受け取っていないとしたら、アリソンの名声は、現行の税率の低い世界で得られる名声と寸分違わないだろう。なぜなら、アリソンが派手な生活様式を追求するのは、つらい仕事に対して自分を元気づけるためではない。むしろ、自分の実力者ぶりを世間に知らしめたいからだ。そうしたデモンストレーションの価値、および世間に認められることで得られる心の満足は、アリソンを取り巻く人々の生活様式と自分の生活様式との比較によって決まるものであり、アリソンが実際にいくら使ったかは関係ない。

しかし現在、経済論議としてもてはやされているのは、政府がいかに無能かとか、市場の所得分配に干渉しすぎないことがいかに大切かといったことばかりだ。ビジネス・エリートたちがその類まれな才能を発揮しようとするインセンティブを抑えたくないのである。

それでもやはり、アメリカがもっと公正な連帯主義的な社会になるべきであるのなら、政府の干渉が必要である。市場は、たとえ効率よく機能していても、公正な所得分配をもたらしはしない。また、現在多くを稼いでいる人々が、わずかの収入でも喜んで生産用役（訳注：生産活動に利用できるサービス）を提供してくれるような状況をつくってはくれない。富裕層に高い税金を課せば、現代アメリカ社会を特徴づけている極端な消費格差を是正することになる。そしてそれは、より連帯主義的な社会をもたらすだけでなく、政府に収入をもたらすことになる。その収入を、対外支援の増額ばかりでなく、公教育の改善、医療を受ける機会の改善、貧困そのものの撲滅に使用することで、最も恵まれない人々の生活を大いに向上させることができるだろう。

人材不足の政府に有能なビジネスマンを投入する

マサチューセッツ工科大学経済学教授
アビジット・バネルジー

率直に言って私は、創造的資本主義が実現可能なものなのか、また道徳的に見て正当なものなのか、といったこの討論にいささか当惑している。結局、資本主義とは、成功した企業家は莫大な利益を手にすることができるという事実から多くの力を引き出しているシステムである。企業家が手にする利益は、株式に対する正常利潤（訳注：企業が最低限獲得したいと考えている利潤の水準）にとどまらず、道徳的に許しがたいと思えるほどの額にまで及ぶ。これら事業に成功した企業家たちが、世界のためにその利益を〝消費〟したいのなら、それを止める権利が誰にあるだろう。実際、資本主義イデオロギーによれば、消費方法の選択肢が多いほど貨幣価値が上がるのではなかったか？

なぜ誰も、企業家の好きなようにさせてあげないのだろう。確かに株主が反対を唱えることがあるかもしれない。確かにそうだが、株主は好きなときに資金をよそへ移すこともできれば、資本家をクビにすることもできる（株主総会はそのためのものである）。しかし、株主はほとんど反対しないと私は思う。というのも、創造的資本主義を実践しようとしている企業家たちとはまさに、これまで山ほどの利益を株主にもたらしてきた企業家だからである。

私としては、創造的資本主義が名案かどうかという問いのほうが適切だと思われる。つまり、創造的資本家が本業のビジネスに専念し、そのなかで、雇用の創出、顧客の対応、新たな製品の開発など世間の役に立つことをしていれば、社会はよくなるのであろうか？　あるいは、創造的資本家が〝社会セクター〟と呼ばれる分野に足を踏み入れれば、社会はよくなるのだろうか？

私は断然、後者を支持する。創造的資本家がさらに増えることを望んでいる。私の考えでは、資本主義モデルの欠点は、トップにのぼり詰めた人々にもたらされる莫大な収入にある。その結果、才能ある若者は民間セクターに就職する傾向が強い。そこで金儲けをし、友人が手に入れた快適な暮らしと同等の暮らしを手に入れ、自分も成功できることを自分自身に証明するのである。

別の見方をすれば、経済の残りの部分、すなわち〝社会セクター〟は、常に才能不足に悩まされ、民間セクターに加わることができなかったために社会セクターにやって来た人々の手に任されていることが多い。しかもあいにく、貧しい人々の世話をしなければならないのは、その社会セクターなのだ。あらゆる人に一定水準以上の生活を保障し、あらゆる子供に成功する機会を世話していかなければならないのは、社会セクターの人々なのである。

私は何も、政府に優秀な人材がいないと言っているのではない。しかし優秀な人々は、その薄給に、そのプロセスに、仕事仲間の質の低さに不満を持っていることが多い。結果として、少なくとも私がよく知っている国々では、優秀な人々は政府を去るか、もっと悲しいことに地元の皮肉屋に成り下がる傾向が強くなる。

残るはNGOだけだ。私は数多くのすばらしいNGOを知っているが、最良のNGO団体でさえ、たいていは資金繰りに困っている。彼らは優れたアイデアを生かすことができず、社会セクターを改善していくことができないことに不満を感じている。

そこへビル・ゲイツが現れた。ゲイツ氏のような人々が大勢出てくることを私は望んでいる。ゲイツ氏は、十分な資金を背景に、自分の好きなアイデアを公正な見地から十分に検討し、そのアイデアに政治的魅力を与え、政府がそのアイデアについて真剣に考えるよう仕向けることができる人物である。それが実現すれば、社会政策の実現方法に著しい変化が見られるかもしれない。さらにゲイツ氏は、大規模な組織を運営していく方法、社員に仕事を楽しいと思わせる方法を知っており、みずからが望んでいる組織文化や報酬構造を自由に組み立てることができる。いままさに社会奉仕の提供方法に革命が起きようとしているのかもしれない。

私の見るところ、この楽観的な考え方に真っ向から反対する意見がある。現在の社会セクターが新たな方法を必要としているとなぜ言えるのか、というものだ。おそらく、政府の仕組みが現状のままであるということは、新たな方法が必要とされていないということであり、社会奉仕を提供するシステムを改革することに世界最高の頭脳を使っても無駄なだけだろう、と。

これはまったくばかげた話ではないだろうか。驚くべきことに、この百年間、技術がめざましい進歩を遂げ、社会科学が大幅な進歩を見せているにもかかわらず、政府の仕組みはほとんど変わっていないのである。

　結核治療を例に取ってみよう。結核治療にかんする基本技術は五十年以上前から知られている。数カ月にわたり、定期的に数多くの強い抗生物質を服用しつづければよくなるのである。しかし二十年ほど前から確認されているように、患者に投薬を計画どおりおこなわせることは非常にむずかしく、それが、いまだに多くの人が結核で亡くなる大きな原因になっている。そこで世界保健機関（WHO）は、その当時から、この問題に対する解決策として、服薬したことを直接確認する短期化学療法（DOTS）を推進してきた。患者が薬を服用する必要があるときには必ず、それを監視する人物をつける、というものである。

　言うまでもなくこの方法は、かなり面倒である。確かに効果はあるが、監視する人間にやる気がある場合に限られる。ところが現実では、やる気が常に保証されているとは限らない。実際、社会心理学者の確固たる所見によると、多くの人にとって、ジムへ通ったりクッキーを我慢したりといった少しでも面倒なことは、たとえ固く決意したとしても、それを長期にわたって続けていくのは困難だという。

　患者を毎日監視するのも同じで、やる気を常に保つことができるとは限らない。それに多くの場合、こうした監視をしている人間は公務員であるため、そのやる気さえあるのかどうかわからない。

　社会奉仕の提供にかんする最近のある論文に、決定的なデータが掲載されている。それによれば、地方の公的医療センターで働く看護師（正確には、多くの国で結核患者の監視をおこなっているはずの人々）は、全体の三分の一以上の時間、欠勤しているという。

マサチューセッツ工科大学を卒業し、真の創造的資本家として活躍しているモハメド・ジャミールは最近、友人にして研究仲間であるムハマド・ユヌスを称《たた》えて、同大学でユヌス・チャレンジなるイベントを開催した。毎年、社会的に重要な問題を解決するため、社会科学から導き出した推論を実際の技術と結びつけた企画を、大学の学生グループに発表させようというものである。私たちジャミール貧困対策研究所では、学生たちに課題をいくつか提示するようにしている。二年前、私たちはＤＯＴＳに代わる方法を考えよ、という課題を出してみた。

すると、ある学生グループが、新ＤＯＴＳと呼ばれる案を携えてやって来た。それは、結核の薬に、無害の試薬を入れるというものである。その試薬は、予定どおりに薬を服用していれば、その人の尿とともに排出される。その学生グループは、尿中の試薬に反応してコードを表示する試験紙も考案していた。しかるべき時点で、正しいコードを正しい回数だけ報告した患者にはポイントが与えられる。このポイントは後で現金化することもできる。

言うまでもなくこのアイデアは、予定どおり薬を服用する人にささいな報酬を与えるものである。このささいな報酬が、やるべきことをぐずぐずと先延ばしにする傾向に打ち勝つきわめて大きな力となることは、多くの研究が示している。

何もここで、わが大学の学生の優れた才能をほめそやそうというのではない（学生たちが優秀なのは確かだが）。問題は、なぜこうしたやり方が広まっていないのか、ということだ。ＤＯＴ

Sの方法に問題があることが知られていながら、どうして世界各国の政府の研究室からこうした新しいモデルがいくつも出てこないのだろうか？　言うまでもなくその答えは、政府にそんな考え方ができないからである。だからこそ私は、社会セクターにはぜひとも外部から創造的才能を投入する必要があると確信している。

創造的資本家には実に多くの利点がある。彼らは、政府に圧力をかける方法や、自分のアイデアを一般の人々に売り込む方法を知っている。信頼性がある。当事者以外の資金を必要としない。誰に呼びかけるべきかを知っている。成果が期待できるのではないだろうか。

対外支援を受けると国は弱体化するのか？

ハーバード大学開発社会学教授
マイケル・クレマー

この討論のなかで取り上げられている論点の一つに、発展途上国への支援の影響というものがある。リチャード・ポズナーが創造的資本主義に疑義を呈したのは、この支援に大きな疑念を抱いていることが一つの原因でもあるようだ。しかし、そのような疑念は正当なものだろうか？

標準的な経済理論によれば、ＧＤＰ（国内総生産）の五パーセントを毎年欠かさず発展途上国に寄付しつづければ、そうしなかった場合よりも、およそ五パーセント発展途上国の消費が増大するという。それにより、普通の発展途上国が韓国ほどにまで発展することはないだろうが、一日一ドル以下の収入で暮らしている人々にとっては、消費が五パーセント増大すれば、教育面においても栄養面においても違いが出てくるはずだ。実際、アフリカの大半を含む発展途上諸国では、ここ数十年のあいだに識字率が劇的に向上し、幼児死亡率が減少している。それは、支援にかんする議論のなかでしばしば忘れられている事実である。

私は、支援が結果的に政府を悪化させるというリチャード・ポズナーの主張は間違っていると思う。地政学的な理由から支援がおこなわれた場合にどのような影響があるのか（たとえば、エジプトやパキスタンへの支援の場合）という問題を別にすれば、開発を支援することでその政府の質は実際に向上する、と考えるだけの理由があるからだ。

第一に、国防・経済などにかかわる戦略的に重要な拠点を除けば、支援者は一般的に、最悪の政府に支援しようとはしない。たとえば、ジンバブエはあまり支援を受けていない。

第二に、支援を批判するにも、右翼的な見方と左翼的な見方があり、支援の有害性にかんする議論を一つにまとめることは困難である。ポズナーは右翼的な見地から支援に反対している。支援される国が自由市場政策から離れ、その国に、頻繁に経済に干渉する肥大化した政府が生まれるから、というのがその理由である。

しかし、左翼的な見地から支援に反対している人々は、世界銀行や国際通貨基金（ＩＭＦ）が、関税の引き下げや、国営企業の民営化や、保守的な金融政策の採用を条件に支援をおこなっている、と批判している。確かにそのとおりである。多くの対外支援は、こうした国内政策の変更を条件におこなわれている。しかし、そのおかげで過去数十年にわたり平均関税レベルが劇的に低下し、輸入外貨の入手を制限（それが汚職や利益誘導型政治の温床となっていた）する国が大幅に減少し、事実上超インフレから脱却してきたのだ。ジンバブエとは正反対である。

つまり支援がこうした成果を生み出したとも言える。

最近では、支援する側は自由市場とともに民主主義も推進している。これはおそらく、アフリ力に押し寄せてきている民主化の小さな波とも無縁ではない。

最後に、支援組織の存在自体が、発展途上国の人々に大きな就職インセンティブを生み出している。国際的な支援組織が存在すれば、ある地方公務員が社会に貢献したいと思った場合、政府以外にも職を選択することができる。また、世界銀行のように、リベリアやトルコなどさまざまな国で財務大臣、大統領、総理大臣などが重要な改革を実行するのを支援してきた例もある。

しかし全体的に見れば、支援がどのような政治的影響をもたらすかは、なかなかわからないものだ。緑の革命や天然痘の根絶など、華々しい成功を収めたケースもあるが、その一方で挫折も十分に経験してきた。したがって、一般論をふりかざすのではなく、ケースバイケースで支援活動を判断したほうがよさそうである。支援は、貧困からの脱却に欠かせないものともなれば、独裁者を支えるものともなるからだ。

また、外国政府の支援によって支援先の政府機関が弱体化するおそれがあるというのなら、そうした支援よりも創造的資本主義のほうが潜在的な弊害は少なそうである。企業が熱帯病と闘うために新たな薬やワクチンを開発したり、携帯電話をベースにした銀行サービスを始めたりすれば、その企業は何百万という人を直接支援することになる。そんなことをすれば独裁につながるおそれがあると言ってその企業を批判するのは、少々野暮というものだろう。

弱小国家でこそ、企業はなすべき仕事がある

ハーバード大学経営大学院準教授
エリック・ワーカー

創造的資本主義には、弱小国家でこそなすべき仕事がある。そのような国々では、十分な能力もない機関が、政治の進行を遅らせ、民間セクターの指導を誤り、教育・医療面で惨憺たる結果を招いている。実際、政府不在に直面した創造的資本家にできる最善のこととは、その国に足を踏み入れ、足りない部分を補うことである。しかし弱小国家には、創造的資本主義の成功を妨げそうな要素がたくさんある。最悪の場合、創造的資本主義はただ問題を増やしただけということにもなりかねない。

弱小国家の現状は間違いなく過酷なものだ。国連の人間開発報告によれば、シエラレオネの平均寿命は四十二歳以下、チャドの女性の識字率は一三パーセント以下だ。中央アフリカ共和国の所得額上位一〇パーセントの人々は、所得額下位一〇パーセントの人々のおよそ七〇倍も〝稼いで〟いる。

こうした国々は、創造的資本主義によって事態を好転させる理想的な土地のように思われる。しかし弱小国家では、何十年ものあいだ、戦争、政変、植民地的搾取、汚職により、政府が崩壊してしまっている。ビジネスが国家を、もしくは国家がビジネスを支配してしまっているのだ。政府機関がそれほどひどい状況だというのに、創造的資本主義が機能することなど期待できるだろうか?

したがって、ありきたりの方法で資本主義の活力を解き放とうとしても、こうした弱小国家では問題に直面してしまう。政府が完全に腐敗しているのに、その規制を当てにして民間セクターに社会的な活動をさせることなど不可能である。同様に、〝評価〟というインセンティブによって、GAPやインテルがソマリアや東ティモールに製造工場を開設する気になるとは思えない。また、すでにそういった地域で事業を運営している数少ない企業も、先進諸国での評判を高めるために、さらに社会的責任のある行動をとろうなどとはしないだろう。

では、創造的な非営利団体や財団といったものはどうだろう。こうした機関が弱小国家に財やサービスを提供すれば、間違いなく人々の生活はある程度よくなるだろう。しかし、こうした企業家的な利他主義は、まるで骨折の手当てに絆創膏を貼るような、的はずれな行為になることもある。

いちばんの問題は、国家がそういった財やサービスを提供していないことにあるのだ。民間組織が提供している抗レトロウィルス薬に財団が資金援助したとしても、弱小国家の腐敗した指導者たちは、それを「すばらしいアイデアだ」などとは考えない。それどころかこうした指導者は、人民を相手にしたゆるやかな持久戦において、自由に立ちまわれる手段を手にいれることになる。

弱小国家で事業を運営している民間企業に、もっと社会的責任のある行動をとるよう求めるべきなのだろうか？　しかしこうした活動は、世界の貧困に太刀打ちできるほどの規模にはなれないのだ。とはいえ大企業というものがほとんど存在しない弱小国家では、半数以上の企業に対し、より高水準の社会的責任を掲げるよう圧力をかけたり、そのための資金援助をおこなったりすることであれば、可能なのではないだろうか。

政府も創造的になることができる

ハーバード大学開発社会学教授
マイケル・クレマー

この討論で主に取り上げられているのは、企業は、発展途上諸国の貧困問題に対処するために何ができ、何ができないのか、という問題である。こうした討論がなされるのは実によいことだ。しかし政府もまた、民間セクターが発展途上諸国の医療や教育を支援する機会をつくることができる。その模範となる例がたくさんある。

公共セクターの教師や医療従事者のインセンティブは、きわめて低いことが多い。バングラデシュ、エクアドル、インド、インドネシア、ペルー、ウガンダの学校や診療所を調査した結果、教師は全体の一九パーセントにあたる時間、学校を休んでおり、医療従事者は全体の三五パーセントにあたる時間、診療所を休んでいることがわかった。さらに、教師や医療従事者は、学校や診療所に出ているときに、必ずしも働いているとは限らない。実際、インドの公立学校の教師は、学校にいる時間の半分しか授業をしていない。

ところが、こうした公共セクターの教師は、市場レートを優に上まわる給与をもらっている。多くの地方私立学校の教師の四倍である。ここで問題なのは、低賃金ではなくインセンティブの低さだ。校長三千人を対象に最近おこなった調査によると、これだけ欠勤が常習化しているにもかかわらず、欠勤のため教師が解雇されたという話を聞いたことがある校長は一人しかいなかった。

私は、ある二つのプログラムを評価する仕事に携わったことがある。どちらのプログラムも、政府が民間セクターに対し、教育や医療活動への参加を奨励するためのものだが、資金を供与し支援のルールを定めるのは政府だ。サービス提供の一手段として民間セクターを利用するだけである。そのプログラムの一つが、コロンビアの中等教育保証拡張計画（ＰＡＣＥＳ）である。これは、公立の小学校に通う貧困地域出身の子供が、私立の中学校に通えるよう奨学金を提供するプログラムである。奨学金の総額は、公立学校で中等教育を受けるさいにかかる費用と同程度（実質的にはそれ以下）だ。

その結果、受け入れ規模を上まわる件数の申請が寄せられたので、選抜のため抽選がおこなわれた。私は、抽選に当たった子供とはずれた子供との教育成果を比較してみた。家庭環境などほかの要素は無視し、プログラムの影響だけを知るためだ。すると、最初の申請手続きから三年後、抽選に当たった子供は、はずれた子供よりもテストで高得点を記録し、進学率も高いという結果が出た。

私は、コロンビアにおける高校卒業＝大学入学試験にかんする記録も入手した。抽選にはずれた子供のうち、何とか高校を卒業してこの試験を受けた子供はおよそ三〇パーセント。抽選に当たった子供の場合は、その割合が五〜七パーセント高かった。このプログラムは、試験の成績についてもかなりの向上をもたらしたと思われる。

医療面では、助成金プログラムはさほど成功しそうにない。出来高払い制の民間医療を脅かす危険性があるからだ。多くの発展途上国では、公立の診療所に行きたがらない人が多いため、出来高払い制の民間医療セクターは大人気なのである。

こうした民間セクターの医療提供者は、そのインセンティブは高いのだが、患者と医療提供者とのあいだに情報格差があるため、地域住民の医療ニーズはおろか、患者のニーズにさえ十分に応えられないことが多い。多くの医療提供者は、正式にはいかなる医学教育も受けていない。伝統的な治療師というわけでもない。単に、医師の資格もないまま、投薬を仕事として生計を立てているだけである。

このような医療提供者は、ブドウ糖の点滴をしたりステロイド剤を注射したりすることにより、短期的に患者を楽にしようとするインセンティブは持っているが、患者の長期的な健康のため、ひいては公衆衛生のために最善となることをしているかというと、必ずしもそうとは言えない。出来高払い制の民間医療提供者には、予防接種など社会全体に利益をもたらす公衆衛生サービスを提供しようとするインセンティブが欠けていることが多い。

一九九九年、カンボジアが新たな取り組みを始めた。政府が、五つの地区の公共医療サービスを外注に出したのである。受託業者が公共医療センターの運営を引き継ぐと、おもに母子保健にかんする八つのサービス提供指標により、その業績の調査がおこなわれた。すると受託業者は、たいていは職員のインセンティブを強化した。すばらしい業績には特別手当を与え、職員が副業に開業医としてアルバイトすることを制限もしくは禁止したのだ。

公共医療サービスを外注に出した地区というのは、多くの候補地のなかから無作為に選んだ地区である。地区ごとの治療や成果を比較することで、このプロジェクトを厳正に評価することができるようにするためだ。その結果このプロジェクトは、八つの医療効果指標において大幅な改善を示すとともに、ほかの点についてもおおむねプラスの効果をもたらした。これはつまり、受託業者が、この制度を悪用するつもりで評価対象にばかり資金を費やしていたわけではないことを意味している。たとえば、公共医療サービスを外注に出した地区では、ビタミンAの配布を受けた五歳未満の子供が二一パーセント上昇し、出産前後に診察を受けた妊婦が三三パーセント上昇していた。

抜き打ち検査をしたところ、出勤予定職員全員が出勤している確率は、外注していない医療センターよりも外注している医療センターのほうが六一パーセント高く、また、外注している医療センターのほうが補給品や備品の在庫が豊富にあった。

サービスが改善されるに伴い、その地区の住民が、無資格の医薬品店や伝統的な治療師のもとを訪れる割合が減り、それとともに公共施設の有資格スタッフを訪れる割合が増えた。受療行動におけるこうした変化により、個人の自己負担医療費が減り、それがこのプロジェクトに関連する公共支出の増加分を埋め合わせている。

こうした外注プログラムは、医療従事者のインセンティブを高め、害を及ぼす可能性のある民間医療従事者のインセンティブを低下させる。地区レベルで外注に出すことにより、さまざまな地区の医療提供者のあいだに競争を生じさせるという効果もある。

同じような外注への取り組みが、九か国で大々的におこなわれている（対象住民は五万人から三千万人に及ぶ）。政府がコロンビアの学校選択プログラムやカンボジアの医療外注プログラムと同様のプログラムを創出すれば、ビル・ゲイツがダヴォスで提唱していた創造的資本主義の実践へ向け、企業家を刺激することができるのだ。

資本主義を変えるのではなく拡大せよ

カイル・ショーヴィン
ハーバード大学生。
経済学・数学専攻

創造的資本主義なるものが提唱される背景には、慈善団体と政府がこれ以上ないほど協調努力しても解決できない問題も、市場インセンティブがあれば解決できるかもしれないという認識がある。しかし、そのような認識から生まれてきたものに、私は少々違和感をおぼえる。すでに先進諸国において最良の形で実践されている資本主義を、変更もしくは修正するよう求めているからだ。すでに資本主義がきわめて有効に機能している国で、資本主義を改革しようと多大な労力を費やすよりも、まだ資本主義が十分に花開いていない地域にまで資本主義の及ぶ範囲を広げることに尽力すべきではないだろうか。

そのような資本主義の拡大は欧米の知的傲慢だ、旧態依然とした冷戦戦略だ、アメリカが最近取り組んでいる国家改造の試みだ、と不快感をあらわにする人がいるのであれば、はっきり言っておきたい。私が言いたいのはそんなことではない。純粋に問題解決の手段として、富の創造という難題に対する解決策として、資本主義がきわめて有効であることは以前から知られている。しかし資本主義は、ある程度の制度がととのっていなければ機能することはできないため、制度を確立する必要がある。先進諸国の企業ができる最も創造的な仕事とは、資本主義――教科書に載っているような需要と供給からなる従来型の資本主義――を発展途上諸国に拡大する手助けをすることである。

資本主義を決定づける特徴は、それぞれの企業がシュンペーターの言う試行錯誤をおこないつつ、全体として大規模な問題に取り組むことにある。その資源配分の方法こそが、著しく効率的であり、柔軟性に富み、創造的でさえあるのだ。

いまでは周知のことだが、資本主義は、かつて言われていたような西洋の文化的現象ではない。資本主義は韓国、香港、イスラエル、ペルーなど、さまざまな環境で立派に機能している。さらに、資本主義に対立する中央指令型の計画経済が大失敗であったことが証明されたいまとなっては、イデオロギー的な言葉で資本主義を正当化する必要もない。むしろいま問題にすべきは、発展途上諸国の市場に参加しようとしている個々の企業にとって障害となっているさまざまな要因である。すなわち、病気、飢餓、教育の欠如、暴力、窃盗、国家による迫害、国際的な貿易障害、信用の欠如、限定的な独占、十分に確立されていない財産権などである。

創造的資本主義にかんする議論のなかで、私たちはこう問いかけるべきだ。これらの障害を減少させるために企業が果たすことのできる最適な役割とは何か？　多様な戦略が可能な民間セクターは、どのような戦略に従えば、慈善活動によって相対的な利益をあげることができるのか？

それに対するきわめて明白な答えをランズバーグ教授が提案している。すなわち、実業界が保護貿易主義の圧力団体と手を切ることだ。これほど時間と労力のかからない方法はないだろう。もう一つの手っとり早い答えは、企業がきわめて安い労働力を確保するために全世界の調査を続けることだ。こうした利益目当ての調査を利用して、最も賃金を必要としている（正確には、なおかつ最も賃金が少なくてすみそうな）人々に効果的に賃金をもたらすことができる。

ほかの解決策には、多少の創造力が必要である。

最もよく知られている例がマイクロファイナンスだ。企業でなく個人に最小規模の投資をおこなうこの新興産業は、資本主義の中核にある試行錯誤を促進するのに役立っている。最近の調査報告が示しているとおり、マイクロファイナンスは必ずしも慈善活動ではなく、昔ながらの利潤動機により推進されている。

しかし、新規事業を始める以外にも、多国籍企業が発展途上国に資本主義をもたらすことのできる方法がある。まだ希望的観測の段階だが、その一例としてあげられるのが財産権だ。巨大多国籍企業であれば、政府や個人よりも、財産権制度を確立するのに必要な情報を集められるだけの手段を持っている可能性がある。経済的繁栄と財産権とのあいだに相関関係があることは異論の余地がないが、その因果関係がどうなっているかという点は議論の的となっている。エルナンド・デ・ソト率いるペルー自由民主主義研究所は、財産権が正式に制度化されれば経済は成長すると強く主張している。この説を信じるのであれば、〝創造的資本主義〟を展開していくには、不十分な財産権の問題を解決する必要がある。

個人や企業が市場に参画するためには、ほかに誰が参画しているのか、誰が何を所有しているのか、それはどこにあるのか、それをどう利用できるのか、といったことがある程度わかっていることが必要である。もちろん、そのような情報がなくても、生産、取引、技術革新は可能だ。しかし情報がなければ、これらの活動は阻まれ、市場は単一の地域（あるいは単一の家族）にのみ限定されてしまう。物質的財産があっても、それを法的に証明する書類（法的所有権、譲渡証書など）がなければ、その財産を担保に資金を借りることができないのだ。より洗練された金融市場を成長させるには、信用システムが不可欠である。それがなければ、先進諸国との交易は、すでに機能している欧米企業の情報システムと〝結びつく〟ことができずに阻まれてしまう。国内的にも、情報不足により孤立し、能率を高めるためには絶対に不可欠な分業が立ち遅れる。こうして、市場内部の情報不足（あるいは信用不足）によって、最終的には、外部の者が正確にその経済を評価することができなくなってしまう。

この問題を解決するには、情報収集とその情報が有効であることを保証する手段（法的保護など）の両方が必要となる。そういう点で、最初に仕事にとりかかるのは、政府よりも民間セクター（特に外国の企業）のほうがいいだろう。多国籍企業として成功を収めた競争力のある企業であれば、大量の情報を効率よく収集・整理・処理する能力を身につけている。まず必要なのは財産の調査だ。雇用主であれば、さほど費用をかけなくても、被雇用者とその親類の調査が漏れなくおこなわれるよう手配することができるはずである。必要があれば、雇用主みずからその調査の一部をすることもできるだろう。

こうした仕事は、政府の管理下でなされたほうがより効率的だろうか？　その答えはほぼ間違いなくノーである。企業はすでに、自分の抱える労働者のデータベースを備え、そのデータベースに肉づけする限界費用を低く抑えることができるが、それに引き換え、役所の仕事など、いい評判を聞いたためしがないからだ。

また、政府のほうがこうした活動を公平にできるだろうか？　多国籍企業には明らかに、友人を助けようとするあまり、財産を過小評価したり過大評価したりするゆがんだインセンティブが働く可能性がある。しかし、地元民との結びつきが強い薄給の役人にも同じような誘惑があるはずだ。むしろ役人のほうがこうした誘惑が大きいのではないだろうか。

では、企業がこの活動をやり遂げようとする理由があるだろうか？　おそらく創造的資本家であれば、このサイトでほかの人々が論じていた非営利的理由により、このプロジェクトを引き受けることだろう。しかし、気前のよさや、評価を望む気持ちといったものは、必要でさえないかもしれない。こうした活動は、さらなる政府規制の回避や、住民感情の改善にもつながり、企業の長期的利益も増えるだろうからだ。

より幅広い観点に戻れば、私たちが直面している課題は、破綻したシステムを修復することではない。資本主義は、現在機能しているところでは、有効に機能している。それよりもむしろ、このシステムのどの要素が、驚くべき進歩を生み出しそうかを見きわめ、それをさらに広める方法を見出すことである。その答えが企業の社会的責任というのであれば、企業は社会的責任にのっとった行動をとればいい。

しかし、世界の大半がいまだに資本主義の基本要素を享受しようと格闘していることは、肝に銘じておかなければならない。私たちにできる最も創造的なこととは、この問題に対処することである。異様に変形した資本主義を試みるのは後世の人間に任せてもよいのではないだろうか。

アメリカ実業界は新しい思想を必要としている

カリフォルニア大学経済学教授
グレゴリー・クラーク

以前私は、ゲーリー・ベッカーやリチャード・ポズナーらに与《くみ》し、ビル・ゲイツの提唱する〝創造的資本主義〟に反対した。しかし、マイケル・クレマーが提示した立場にもひかれるものがある。非金銭的な動機がきわめて強い力を持つ場合があり、利潤主導型の現代企業でもそれを生産的に利用することができる、という立場である。実際、市場原理主義を信奉するシカゴ学派のような、自由競争を通じて利潤動機を自由に解放するという視点だけで、産業革命の歴史や現代世界の隆盛を語ろうとする試みはいずれも失敗に終わっている。現代の産業革命の中核にいる革新的企業は、金銭欲ばかりでなく、理想主義、誇り、名声の追求といったものにも重きを置いているのだ。

経済学者たちが創造的資本主義に不安を抱いている理由は、生産にかんする決定と消費にかんする決定とは分けて考えるべきだという直感が働くからである。両者を分けて考えた典型的な人物がアンドリュー・カーネギーだ。実業家としては、流血の惨事となったホームステッド製鉄所のストライキにおいて、ものの見事に労働組合を弾圧したが、慈善家としては心優しい人物だった。

近代の資本家たちはどうやら、商品の供給に対して利潤動機が驚くべき効果を発揮することに気づいていたようだ。大半の人が嫌がる製品でさえ大量に生産されている。たとえばニコチン中毒者をターゲットにした煙草、自動車ファンをターゲットにしたハマー（訳注：ゼネラルモーターズのオフロード車ブランド）、ランボー・ファンをターゲットにした高性能銃などだ。

しかし、資本家がいつもそうだったとは限らない。産業革命から百年ほどのあいだ、近代世界を生み出した発明家たちの利益が顧みられることはまったくと言っていいほどなかった。知的財産権の保護が十分ではなかったからだ。ジェニー紡績機を発明したジェームズ・ハーグリーヴズ、ミュール紡績機のサミュエル・クロンプトン、そして力織機のエドマンド・カートライトなど、私たちがよく知っている発明家たちでさえ、その大半はほとんど利益を得ていない。それなのに、成功談として語り継がれてきたのである。

幸いなことに、技術革新は利潤によってもある程度進展するが、テクノロジーへのあこがれや愛国心、名誉欲といったものも技術革新には重要である。よく知られている例に、坑夫用の安全灯がある。坑夫が作業できる炭層を大幅に広げたこの安全灯は、人道的な配慮からハンフリー・デーヴィーが開発したものだ。デーヴィーは、この発明によるいかなる利益も手にしようとはしなかった。しかし、それを発明した栄誉を受けるにふさわしい人物は誰かという問題になると、ジョージ・スティーヴンソンと熾烈で身勝手な言い争いを演じたりもしている。

こうした過去の事実が明らかにしていることは次のとおりである。つまり、人類の問題を解決するための活動をおこなうことのできる企業は、人間の基本的欲求につけ込んでいるような企業よりも安い費用で、より優秀な人々を雇うことができることに気づくだろう。たとえば二酸化炭素の排出量が少なく、安全性に優れた自動車の開発に重点的に取り組んでいるデトロイトの自動車会社は、有害物質を含んだ性具を販売していたことが発覚した企業よりも、安い費用で、はるかに多くの才能を確保することができるはずだ。

経済活動について助言するときはいつもそうなのだが、企業がすでに知っていることを助言しているのではないのか、という疑問が当然生じてくる。企業がすでに知っているはずのことを、なぜビル・ゲイツはあえて言う必要があるのか？

その答えはこうだ。生産者の数が少なく、参入障壁のある場合が多い現代の市場では、企業は根本的な真理を見失うことがある。市場は常に最も収益性の高い戦略を見つけることができると信じている人もいるが、そういう人々は、アメリカの企業が何年にもわたりおこなってきた思いがけない戦略転換を見てみるといい。そうした戦略転換を煽《あお》ってきたのは、単なる経営者の気まぐれだからだ。

企業の合併が相次いだ後に、企業の分割が相次ぐ。適度な報酬を受け取っていた最高経営責任者がアラブの富豪に取って代わり、企業資産を略奪する。アメリカの資本主義は、競合する企業経営者たちが引いたとおりの進路をたどっている。ハーバード・ビジネススクール出の経営者が思いのままにアメリカ経済を操作しているのだ。ビル・ゲイツの呼びかけは、そんな彼らに対抗する社会的に意義のある洞察となるかもしれない。

そのため、控えめながら創造的資本主義に声援を送ることにしよう。うまくいくだろうか？その答えは誰にもわからない。しかし、アメリカ実業界はいま、新たな思想による方向づけを必要としているように見える。それならば、市民の良心を尊重するこの思想を試してみてもいいのではないだろうか？

すぐ目の前にある未来

ハーバード大学経営学教授
ナンシー・ケーン

ビル・ゲイツが注目を集めるようになったのは、おもに彼が、十九世紀後半に初めて現れ二十世紀に大きな影響力を持つまでに成長した市場資本主義システムのなかで、圧倒的な成功を収めたことによる。多くの産業でこのシステムの主役となったのは、通常は少数の競合他社と市場支配力を求めて激しく競い合う巨大多国籍企業であった。

（事実、私が何千人というMBA取得者に経営史を教えてきたハーバード・ビジネススクールでは、資本主義初期に成長を遂げたスタンダード・オイルと、その百年後に登場してきたマイクロソフトとを比較する学生が多い。学生たちはジョン・D・ロックフェラーとゲイツを比較し、どちらの企業家も、ほかの企業に先駆けて、それぞれの産業においてどのような競争が発生するかを見きわめて素早く行動し、形成まもないそれぞれの市場で競争の基準となるものを創出し支配した、と論じている）

このシステムの経済的成果は、雇用形態、市場シェア、設備投資、そしてとりわけ株式市場の業績を通じて金銭的に評価され、さまざまな方法で富が分配されてきた。

ゲイツの業績を考えると、彼が金銭的利益ばかりでなく、いまや社会貢献をもグローバル資本主義の目標にしようとしているのは興味深い。これは重大な意義を持つものである。歴史的視点から見ると、いまこの瞬間に、グローバル資本主義のシステム上で働いている強力な力が五つある。その力が、ゲイツがダヴォスで概略を述べた大まかな方針に従ってグローバル資本主義を牽引している。

第一の力は、資源である。今日の切迫した難題に対処できる資源を持っているのは誰なのか？人材、新たなアイデア、物流、資金、手法など、資源のことだけを考えれば、すぐにも世界の舞台に変化をもたらすことのできる最も大きな力を持っているのは、企業だ。宗教団体、民族国家、個々のNGO団体など、企業以外の組織には、今日私たちが直面している問題に対処できるような資源もなければ、企業の持つ幅も、現場に即した深い洞察力もない。確かに、これらの組織も重要である。ときにはきわめて大きな意味を持つ。しかし企業の持つ力はそれ以上である。それは巨大多国籍企業でも小規模な企業でも変わらない。これは哲学でも政治の問題でもない。現代の避けられない事実なのである。

グローバル資本主義の速度や方向性に影響を与える第二の力は、需要側にある。そのなかで最も影響力のありそうなのが、これから社会に巣立っていく若者たちだ。彼らは、ビジネスとは異なる何か新しいものを求めている。昔の人たちとは異なる独特の方法で（実際にはベビーブーム世代とは異なる方法で）ビジネスをとらえ、グローバル資本主義を発展させていこうとしている。こうした政治的・経済的主体が、今後二十年のあいだに大きな力を発揮するだろう。

その一方で、企業形態は急速に変化している。企業や組織による新たなネットワークが生まれ、新たな形態の競争や協力が重要性を高めつつある。これが第三の力だ。古い境界線はまもなく消えてなくなるだろう。活動範囲を国内に限ってきた従来の部品製造会社さえも、より複雑なものに進化し、ときに地球規模にわたる幅広い関係ネットワークに統合されようとしている。

グローバル資本主義を促進している第四の力は透明性である。さまざまな指導者や組織が、しだいにガラス張りの運営をおこなうようになっている。国際メディアがあちこちで透明性を訴えるようになり、ネットワークの接続性が大幅に向上し、企業側に新たな責任を求める〝地球市民〟という考え方が生まれるなかで、変化を望まない人々のあいだにさえ新たな行動規範が生まれつつある。

最後の力として、あまり目立つものではないが、世界中の人々のなかに、真のリーダーシップを切望する気持ちがあることは明白である。実際、定期的な取引や目まぐるしく動く市場だけを拠《よ》りどころとしない個人や組織が求められている（わが校の卒業予定の学生たちは、就職にかんする話のなかで自身の将来設計を述べるときに、こうしたことを語る場合が多い）。ウォーレン・バフェットやオプラ・ウィンフリーといった実業家の人気が揺るがないことからも、それがうかがえる。いずれも、市場が指し示す成功以上のものを一貫して追求したことによって、それぞれの産業で成功を収めてきた人物である。

現在、この五つの力が大きくなり、グローバル資本主義がたどるべき道をつくるのに一役買っている。倉庫型卸売店コストコ、家具小売店ジョーダンズ・ファーニチャー、サウスウェスト航空、グーグル、さらにはスターバックスといった大企業が成功したことを考えれば、それは明らかである。いずれも、株主のみならず幅広い利害関係者のニーズに対応した企業だからだ。

この五つの力が重要なことは、いままさに奮闘しはじめている若い企業を見れば容易にわかる。企業家および彼らが新たに生み出すアイデアは、常に資本主義の力の源となってきた。したがって、ボノとカリフォルニア州サンタモニカの市議会議員ボビー・シュライヴァーが創設したREDキャンペーンや、スタンフォード大学の卒業生であるマット・フラナリーとジェシカ・ジャックリー・フラナリーが作り上げた、オンラインでマイクロファイナンスをおこなう〝キヴァ〟といった組織を、グローバル資本主義の行く末を示す重要な例とみなすこともできる。

REDは、大企業の力、顧客の優先事項の変化、社会を変革しようとする人々の結びつき、それらを世界エイズ・結核・マラリア対策基金という形にまとめ上げたものだ。REDには、現在作用している最も強い力のなかの二つ、すなわちビジネスと個人消費を利用し、アフリカに蔓延している命にかかわる病気を根絶するという気高い使命がある。

キヴァは、おもに発展途上国の有望な企業家に、小口の融資者（五十ドル以下しか貸さない者が多い）を紹介する。創立からわずか三年間でキヴァは、サモアやエクアドルといった国で一万八千人以上の企業家に融資をおこなう手助けをしてきた。これこそ創造的である。これこそ資本主義である。そしてこれこそが、すぐ目の前にある未来である。

資本主義が繁栄するための五つの条件

コロンビア大学経済学教授
ジャグディーシュ・バグワティー

たとえどうにもできない不平等が世の中に存在していても、五つの条件のうち一つが満たされていれば、資本主義は繁栄していけるものだ。

一、貧しい人々が自分たちもまた豊かになれると信じ、裕福な人々をうらやんだり恨んだりしなければ、資本主義は栄えていくだろう。たとえばロバート・ルービン（訳注：ゴールドマン・サックス会長、財務長官、シティグループ会長などを歴任。さや取りの天才という異名を持つ）やジョージ・ソロスがニューヨークきっての高級住宅街パーク・アベニューに投資して富と所得を倍増させたことを、ハーレムの貧しい人々が知ったとしよう。返ってくるのはきっとこんな反応に違いない。

「おおっ、宝くじがまたスケールアップしたか！」

二、派手な暮らしぶりを見せつけるなど、裕福な人々が手中の富をひけらかすことがなければ、たとえ貧しい人々が〝上昇移動〟の神話を信じていなくても、資本主義は栄えていく。

現に、コロンビア大学教授のサイモン・シャーマが著書『富あるがゆえの戸惑い』（一九八七年刊、未訳）で取り上げたオランダの都市市民についても、私の故郷インドのグジャラート州に多いジャイナ教徒についても、この条件はあてはまっている。グジャラート州では億万長者も質素な服装をし、小型車を運転しており、下層階級と区別がつかないことが多い。要は、気づかなければ、恨むことも不快に思うこともないということだ。

三、貧しい人々が裕福な人々に対して、富を持つにふさわしい人間だという評価を与えているのであれば、資本主義は栄えていく。たとえば、ビル・ゲイツは誰もが感心するような偉業を成し遂げた。いっぽう、ジョージ・ソロスも同じく富を築いたものの、そのために用いた投機という手法は人々に感心されるものではなかった。

確かに、ビル・ゲイツは反トラスト法訴訟が原因で、ヨーロッパでは反感をもたれている。しかし世界中ほぼどこへ行っても、ゲイツに取り入ろうとする人々が大勢いることを考えると、これは取るに足らない小さな現象にすぎない。対照的に、ソロスは所有するファンドの多くを経営する旧東欧諸国では高く評価されているものの、ほかの国や地域ではとうてい称賛されているとは言いがたい。アメリカの諸大学では、寄付がもらえなくなるかもしれないといった懸念から、ソロスが触れまわるろくでもない考えを批判しないようにというおふれが出ているが、ゲイツは崇拝者を引きつけてやまない存在となっている。

四、富が政治への介入に利用されなければ、資本主義は栄えるだろう。この点でゲイツとソロスの違いは歴然としている。

五、項目二にも関連するが、豊かな人々が自分のためにではなく社会事業に資金を使うなら、資本主義は栄えていく。たとえば、グジャラート州の富裕層は、地域の人々を対象とした教育や保健・医療分野の取り組みや、(信じるかどうかはともかく)農業普及や乾地農法の実験などに資金を供出している。富を創出し、それを自身のためにではなく、生活の苦しいほかの人たちのために使おう、というモットーに従って行動しているのだ。

したがって、企業の社会的責任(CSR)とは、オランダの都市市民やジャイナ教徒、カルビン派が昔から実践してきたこと、つまり、財を築いた一族が直接、社会事業に資金を投入するという活動を企業にも広げていくことを意味する。こうした立派なファミリー企業の活動を今日引き継いでいるのがCSRと言えるだろう。

社会貢献の気風が高まるにつれ、やがてはCSRを遂行することによって金銭的にも報われるようになっていくかもしれない。

よい行いに邁進する企業は今日、自身の働く企業に社会的責任を果たしてほしいと望む優秀なスタッフを集めることにも成功している。また、市場では消費者が多少は価格に色をつけてくれるかもしれない(とはいえ、この傾向が見られるのは、たとえば有機食品に対して通常の市場価格よりも多く支払うような人たちに限られる)。

以上が、健全で活気ある資本主義をもたらす要素だと私は考えている。今日のえせマルクス主義者たちは批判するだろうが、健全で活力ある資本主義を利用すれば、マルクスが記したように、資本主義に備わっている富をもたらす力強いエネルギーを余すところなく手に入れられるのだ。

金融危機の教訓

ローレンス・サマーズ
クリントン政権時代の元財務長官。オバマ政権の国家経済会議委員長

さて、ここにすばらしい創造的資本主義的な発想がある。持ち家の所有が一般的になると、勤勉さや地域社会、所有権を尊重する精神といった価値基準が植えつけられ、結果的にアメリカに住むすべての人々が恩恵にあずかれるというものだ。アメリカのどの家庭にも、マイホームを持ち、資産を蓄えたいという切実な願いがある。しかし、従来型の金融機関は短期資金を借り入れて経営をおこなっており、人々が家を買うさいに最も助けになるはずの、たとえば三十年といった長期的なスパンで貸付をおこなうことはきわめてむずかしい。

どうすれば家を持つという目標を最大限に支援することができるのだろうか。また、どうしたら住宅取得に最も適した融資形態を保証できるのだろうか?

そう、創造的資本主義に助けを借りればいいのだ。民間企業と契約を結び、住宅を取得しやすくするという使命を掲げた政府援助法人を立ち上げるというのはどうだろう? 民間セクターと

公共セクターからそれぞれ代表を何人かずつ招聘して、役員会を構成すればいい。こうして誕生した金融機関が資本市場に導入する革新的な取り組みに対して、政府が明確に支援を表明するのだ。そうすれば、以前よりも低コストで資金を借り入れることができるし、経費節減分を還元することもできる。一般の企業が支払っている国税や地方税を免除し、住宅を求めやすくする具体的な達成目標を設定する。さらには特別に設置された政府の監督機関を活用して、社会的責任と利潤追求への意欲との均衡を図っていく。社会的な目標を達成するためには、利潤追求主義を抑制する必要があるからだ。

以上は実際に、連邦住宅抵当公庫（ファニーメイ）と連邦住宅金融抵当金庫（フレディマック）の設立を後押しした理由付けだった。確かにこの論理は、官民が協調して利益をあげ、社会的目標を推進していこうと呼びかける多くの創造的資本主義の発想と変わらない。しかしいま、この創造的資本主義の試みは終わりを告げようとしているのではないだろうか。政府肝いりのこうした機関に出資した株主は、資金の大半を失い、当局が何とか混乱を収拾しようと動きだしている。

いったいどこで間違ってしまったのだろう。政府援助法人は道義にかなった活動をしているという錯覚が、厳格な規制に踏み切るための政治的な理由付けを不可能にしてしまったのだ。社会的な機能不全が生じると、これら二つの企業はそれを、株主のために成果をあげなければならないからだと釈明し、事業がいき詰まると決まって社会的な義務を挫折の口実にした。〝民間企業〟であることが常に強調されていたため、政府予算・支出になされるような統制は適用されなかった。

　とはいえ、これらの企業の負債は政府が保証しているという一般的な認識があったせいで（今日、その認識が間違いではなかったことが証明されているが）、市場規律も事実上、作用していなかった。利益は私物化し、損失は社会化できるという状況に置かれたのだから、こうした政府援助法人が危険な賭けに打って出て、財政破綻への道をまっしぐらに進んでいったのも不思議はないだろう。

　この教訓はどの程度の普遍性を持つものなのか。私は相当の普遍性があるのではないかと懸念している。複数の目標を創造的資本家に課すということは、業績にかんする説明責任の消失を暗に示唆している。道義にかなう使命を担っているという認識は決まって、懐疑派を黙らせる格好の口実になるからだ。問題の企業が社会的責任を担っているのであれば、市場の効率性をそこなうことになっても、競争に勝てるように支援する必要があると考えられているのである。

　この世界では金を儲けるのも、よい行いをするのもむずかしい。どこかの企業がその両方を成し遂げるつもりだと意気込むのを聞くと、私は財布のひもを締める。諸君もそうすべきではないか。

アメリカを吹き荒れた「非課税の一《いっ》攫《かく》千金バブル」

ヴァーノン・スミス
二〇〇二年ノーベル経済学賞受賞。チャップマン大学経済学・法学教授

多くの人々が、ファニーメイとフレディマックはいつ爆発してもおかしくない時限爆弾だと以前から思っていた。ローレンス・サマーズは皆の思いを代弁してくれたというわけだ。これを創造的資本主義の戒《いまし》めとすべき事例ととらえたサマーズは文句なしに正しい。ゲイツの発案に飛びつく前に、創造的資本主義の時限爆弾が爆発するのを目撃したばかりだという現実をきちんと受け止めるべきだろう。本来、金融機関が長期貸付（たとえそれが住宅取得のために組んだ三十年ローンであっても）をおこなうさい、短期借入を繰り返して三十年ローンの貸付資金を捻出することには、何の問題もない。

ただ、このような借入行動を成功させるには、経済環境がもっか到達可能な水準よりもはるかに安定していなければならないのだ。しかも歴史的に見ても、このような借入行動を基盤にした契約形態や、こうした契約を遂行する目的で設立された団体が、うまく機能した例はあまりない。

結局、デフレショックもインフレショックも乗り切れないからである。

●一九八〇年代、九〇年代の貯蓄貸付危機は、インフレによって貸付市場にひずみが生じたために発生し、やがて貯蓄貸付組合（S&L）の破綻へと発展した。

●一九三〇年代の景気後退とデフレは、持ち家や事業、農場に対する担保差し押さえの波を引き起こした。しかし抵当流れになった資産は、未払い分のローンよりも市場価値が低く、その結果、抵当権を行使した銀行の多くも支払い能力が維持できなくなった。契約のどちらの当事者も打撃をこうむったというわけだ。

資本主義という創造的な世界には、こうした不測の事態から身を守る合理的な手段として、はるか以前から基本ルールが設けられている。それは、資産所有者の持ち分にもとづいて融資をするというものだ。銀行や住宅金融専門会社は長期貸付をおこなう場合、資産の市場価値の一部に相当する金額を融資し、資産の所有者に対して、融資分を差し引いた残りの持ち分を担保として供出することを求める。その結果、金融機関は長期借り手の債務不履行から身を守る緩衝装置を持つことになるが、抵当流れになった長期借り手の資産の市場価値は、長期ローンよりも低い。

落とし穴があるのはまさにここだ。ローンが長期にわたればそれだけ、安定した経済環境が維持できるかどうかが不確定になり、あらかじめ要求される持ち分すなわち頭金は増える。これらの要素が重なれば、誰もローンを融資してくれないという結果につながる可能性もあるのだ。だからといって誰も責められない。また、住宅ローン会社のリスクを軽減しようと政府機関が介入したところで、社会全体へ波及しかねないリスクというリアリティをうすめてはくれない。

有権者でもある住宅購入者は、現実から目をそむけようとする。彼らは、「何の痛みもなく欲しいものを手に入れる方法はある」と自分に言いきかせ、「住宅取得に内在するリスクを避けつつ、頭金を低く抑えたローンを組むことはできる」と無理に納得しようとしているのだ。当選を願う政治家たちもそう信じ込もうとしている。

こうしたリスクはあらゆる資産につきものであり、新しい発明や製品、事業はほぼすべてが融資を受けるに値しないと考えられている。しかし、住宅はきわめて一般的な資産である。だからこそ（いまやその存在意義すら疑問視されているが）不経済ではあっても政治的には好評を博していた政府援助法人、ファニーメイとフレディマックが登場したというわけだ。

そしてこの二つは住宅バブルを煽《あお》りたて、みずからの破綻を招いた。アメリカの住宅消費熱は終焉を迎え、焦げついたローンと怨嗟《えんさ》の声が世に蔓延している。

このバブルにはこれまでになかった特筆すべき要素がいくつかあった。リストの筆頭にあげたいのは、一九九七年に、クリントン大統領が超党派の圧倒的な支持を得て、署名・成立させた減税法案（両院で共和党が発議した）である。この法律の登場で、アメリカに住むすべての人々が住宅を売却するさい、最大五十万ドルの資産売却益《キャピタルゲイン》を非課税で獲得できることになった。

住宅ローンの国内市場をさらに流動化させることを目指して、住宅ローンの証券化を推し進めた金融市場の変革者は、アメリカ国民が自宅を売却すれば漏れなく五十万ドルを非課税で獲得できるよう後押ししたというわけだ。経済ではこの状況を表現するのに〝代理人問題《エージェンシー》〟（これはまさにファニーメイとフレディマックの問題でもある）という用語を使うが、これは、現実の経済リスク、すなわち相当額の前金を要件に設けるといったような、歴史的に認識されてきたリスクすべてを網羅した正確な情報を投資家に提供することをめぐって、いわば逆インセンティブがあったことを表している。

しかし、非課税の一攫千金バブルの渦中では、いったい何が真実といえるだろうか。建築業者や住宅購入者、不動産業者、貸し手である金融会社、住宅ローン会社はみな、将来的に資産の価格は上がると考えている。そうなれば可能損失額は認識されず、住宅市場の全当事者が自分自身との代理人問題を背負い込むという状況が広範に見られることになるだろう。従来から言われてきた注意義務に象徴される資本主義の創造性は、どこかに追いやられてしまうのだ。

政治的に見るとこの問題の解決は、エタノール向けコーンに対して国や州から交付されているバイオ燃料補助金を廃止するよりもむずかしい。しかし、ファニーメイとフレディマックには退場願う時期が来ている。貯蓄貸付組合（S&L）と同じ道をたどらせるべきなのだ。

また、〝住宅〟と呼ばれる耐久消費財が非課税のキャピタルゲインの地位を享受することに今後も政府がこだわっていくのなら、この規定を拡大してすべての資産に適用するようにしていただきたい。一種類の資産だけを優遇すれば、いま見てきたように、資本はその資産に殺到するだろう。キャピタルゲインと一般所得を区別するのをやめて、すべての貯蓄や投資を課税の控除対象にすればなおよいのではないか、と私は考えている。

企業経営者を律するものは何か？

『タイム』誌ビジネス・経済担当コラムニスト
ジャスティン・フォックス

ミルトン・フリードマンが『企業の社会的責任』と題した論文のなかで展開し、世に広く知られている主張は、このサイトでもすでに存分に論議されている。

しかし、フリードマンの論文によって触発された、ことによるとはるかに影響力ある学術論文——マイケル・ジェンセンとウィリアム・メックリングが一九七六年に発表した『企業の理論——経営行動、エージェンシー・コストおよび所有構造』について具体的に触れている投稿はまだ出てきていない。

あくまで私の想像だが、おそらくジェンセン＝メックリング論文現象は、基本的に経営大学院で起きたものだからではなかろうか。今回のプロジェクトには〝経営大学院タイプの人たち〟はあまりかかわっていないように見受けられるからだ。私自身も経営大学院出身ではないのだが、偶然にも、今まさに書き終えようとしている著書のなかでジェンセンが重要な役割を担っている。

というわけで、彼とメックリングがこの論文を書くに至った経緯をざっと振り返ってみよう。
マイケル・ジェンセンは当時、ロチェスター大学経営大学院で金融・財政学を教える若き教授であり、ウィリアム・メックリングはそこの学部長を務めていた。ジェンセンは、シカゴ大学経営大学院で博士号を取得してまもなかった。シカゴ大ではその頃、学生と教員で構成されたグループが、株価が〝入手可能な情報を完全に反映している〟（ジェンセンのロチェスター大時代の同僚たちが好む表現を借りるなら〝価格は適正である〟）とする理論、つまり、効率的市場仮説を裏づける証拠を系統立てて組み立て、蓄積していく研究を進めており、ジェンセンはその中心メンバーだった。メックリングはシカゴ大経済学部の大学院生で、フリードマンの教え子だった（結局、博士号を取得するには至らなかったようだが、博士号がなくても立派にやっている）。

一九七〇年に『ニューヨーク・タイムズ・マガジン』に発表されたミルトン・フリードマンの論文を読んだジェンセンとメックリングは、心から感銘を受け、それを経済学の数学的言語に変換してみることにした。二人はその作業の過程で、あることに気がついた。フリードマンは企業経営者のことを、企業所有者の利益に気を配らなくてはならない〝代理人《エージェント》〟と表現していたが、実際には代理人は、企業所有者の利益ではない行動をとるよううながす、ありとあらゆる経済的インセンティブに直面している。

たとえば経営者であるＣＥＯが会社の操業を停止し、その結果、自身も職を失うことが究極的には所有者の利益だったとする。決断を迫られたとき、良識あるＣＥＯはいったいどんな行動に出るだろうか？

フリードマンのように、利潤の最大化が企業経営者の仕事だと主張するだけでは十分ではなかったのだ。経営者がそうしたくないと思うかもしれないという現実に注意を向けなければならなかったのである。また、たとえ経営者が利潤を最大化したいと思っていたとしても、いったいどの利潤を最大化するのかという問題が残る。今年の利潤？　それとも来年？　それとも十五年先の利潤だろうか？

ジェンセンとメックリングは、効率的市場にヒントを求めた。株式市場の主要な機能は、将来と現在の収益を比較検討することである。代理人《エージェント》の行動を監視し、さらには株価を低下させて既成価値の破壊者を罰することで、金融市場はそうしなければ消失しているかもしれない秩序を維持している。

どうすれば企業経営者が市場の裁定に注意を払うようになるのか。その答えを見つけることが、ジェンセンのその後のキャリアにおける最優先課題になった。やがてジェンセンはハーバード大学経営大学院に進み、そこでレバレッジド・バイアウト（現在は非公開株式投資と呼ばれている）の強力な擁護者となった。重い債務があれば、企業経営者もいやおうなしに重要課題に関心を向けるはずだと考えたのである。その二、三年後、ジェンセンは同じ理由で役員報酬を株価の実績とリンクさせる案を強く擁護しはじめた。

ジェンセンは、ある一つの目的へ意識を集中させなければ、企業経営者は基本的に自身の利益になる方向へ資源を振り向けたい気持ちになるだろう、と主張した。ジェンセンほどの熱意はなくとも、金融市場もこの主張には何かがあるという認識にたどりついた。ローレンス・サマーズが先に述べたように、「複数の目標を創造的資本家に課すということは、業績にかんする説明責任の消失を暗に示唆している」からだ。

ジェンセンのアプローチは〝株主価値〟というスローガンのもと、九〇年代に支配的になったが、やがて説明責任を徹底するために株式市場に頼るというのも、完璧な解決策にはなりえないことが明らかになっていった。市場操作や市場ムードに左右される株価は、企業の成功を測る指標としては完璧とはいえない。株価を最大化しようと躍起になっている企業経営者は、その過程で会社をだめにしてしまう可能性があるし、実際にそういう例もあるためだ。

ジェンセンもいまではこの事実を認め、組織がどう機能すべきかにかんする自身のコンセプトに、いわゆる〝組織の誠実性《インテグリティ》〟を組み込もうと奮闘している。ほかの寄稿者たちは違う考えを持っているようだが、企業の目的をいかなる形にせよ議論するには、以下の悩ましいジレンマをどうにかしなければならないのではなかろうか。

一、複数の組織目標を持つことは、業績の伸び悩みや無駄を招く可能性がある。

しかし、

二、利潤の最大化や株主価値といった、一つの単純な目標にのみ集中すると、組織が大きく道を踏みはずす可能性がある。

効率的市場について
――キンズレーとサマーズのやりとり

（私は前掲のメッセージを受け取った後、ジャスティン・フォックスにお礼のメールを送りがてら、ほかの参加者たち数人にも同じ文面をＣＣした。するとローレンス・サマーズより返信がきた）


〈マイケル・キンズレーからジャスティン・フォックスへ〉

ジャスティン、興味深いコメントを感謝します。効率的市場仮説についてですが、私はある程度までしか信じていません。

私が何を理解できないのかを説明させてください。市場が完璧に効率的で、どの時点においても企業にかんするあらゆる入手可能な情報と知識を株価が完全に反映していたとします。しかし、世間には情報がまったくないか、もしくは、入手できても完全でない情報だったり、盲信やたれ込みなどにもとづいて取引をしたりしている人が大勢いる状況です。効率的市場仮説は、不完全な情報にもとづいて取引する人々は損をするだろう（というより、常々アドバイスされているように、インデックス・ファンドなどに投資をし、市場全体と同程度のパフォーマンスならばよしとする人たちよりはひどい目にあう、と言ったほうが正確かもしれません）と教えてくれています。

では、人々が失ったお金はどうなるのでしょうか？　これはゼロサム・ゲームではないのでしょうか？　つまり市場全体と同程度のパフォーマンスをあげられない人がいるのなら、市場を上まわるパフォーマンスを実現している人がどこかにいるのではないでしょうか。だからこそ、ウォーレン・バフェットはたとえ市場が効率的であったとしても、市場に勝つことができるのではないでしょうか？

さて、ここで問題です。私は直観的に、市場を打ち負かすことができるほど自分は利口でもないし、博識でもないと思っています。しかしたとえば、手持ちの資金百万ドルをすべて株式の売買だけで使い果たそうとするとしましょう。金融派生商品（デリバティブ）や空売りといったしゃれた手段はなしにします。仲買手数料もないと仮定します。それでも、株式市場で投機をおこない、損失を出すことは、簡単であるはずだと直観的には思うのです。しかし、もし効率的市場仮説が本当に正しいのなら、百万ドルを失うのも、百万ドルを儲けるのと同じくらいむずかしいことになります。

個人投資家は市場よりもうまく立ちまわることができないという考えかたは、〝効率的市場仮説〟と呼ばれていますが、投資市場が効率的だと一般に考えられているのにはもう一つ別の理由があります。それは、雇われ経営者が運営する株式公開企業は、資本の効率的な分配者であり、管理者であるという見方です。レバレッジドバイアウト（LBO）、非公開株式投資などはこの第二の考えかたに対する明確な反論と言えるでしょう。

しかし一般市民の退職基金や年金基金が投資される先はいまも圧倒的に株式市場です。ニューヨーク証券取引所やナスダック店頭株市場のウェブサイトに行くと、この取り決めのすばらしさについてありもしないことがいろいろと書かれています。適正な価格を設定することができないのなら、なぜ株式市場は存在しつづけているのでしょう？　ヤフー株の適正な、つまり〝効率的な〟価格はいくらなのでしょうか？　二、三カ月前の取引価格でしょうか？　マイクロソフトが支払ってもいいと思う価格なのでしょうか？　はからずも二人の著名な経済学者——ガルブレイスとフリードマン——がここ数年で亡くなりました。すべての栄誉はフリードマンが独占し、ガルブレイスはおおむね皮肉られていました。でも、市場の効率化にかんしてはガルブレイスが正しかったのではなかったでしょうか？

〈ローレンス・サマーズよりマイケル・キンズレーへ〉

あなたの投げかけた質問は、私の心を大きく乱すには至りませんでした。株式の運用で、市場平均以下のパフォーマンスしか意図的にあげないようにする方法を見つけることなどできないのです。もしそれができるのなら、市場で平均以上のパフォーマンスをあげる方法もわかるはずですからね。ところで、この場合どうすべきかですが、過大評価されているように見える株を売却します。たとえば、一九九八年にグーグルを一〇〇ドルで、ナスダックを三〇〇〇ドルで売るということになるでしょうね。

それから、へましがちな人が競争市場で必ず損をするかどうかもはっきりしません。ここが市場のすばらしいところです。書籍を買い求めようとする妥当な数の顧客がいさえすれば、私たちは競合店で価格などを比較検討することなく書店に入っていき、必要以上に高いお金を払うことを心配せずに買い物ができます。サッカー賭博を例にしてもいいでしょう。オッズが本来あるべき水準から離れたのを見きわめてから賭けに加わろうとする抜け目ない人たちが存在する限り、そこまで目端のきかない人々も（意図的に違う行動に出ない限りは）、通常以上に損失を出すことはないのです。

市場の効率性と、代理人問題の深刻さは、独立した問題です。家屋に近接しているという意味で、わが家の庭はほかの誰にとってより、私たち家族にとって価値があるわけです。同様にマイクロソフトにとって、ヤフー株は公設市場上で示唆されているのとはまったく別の価値を持っているのかもしれません。

ガルブレイスは、自動車産業に代表されるような巨大企業は、常に市場でよいパフォーマンスをあげられるように需要を操作することができると考えていました。今ではガルブレイスの見方が正しいようにはあまり思えません。また、フリードマンの考え方も、それほど悪いようにも思えないのです。

目下、最もまずい状態になっているのは何でしょうか？　政府援助法人（GSE）、シティバンク、そして地方銀行です。最も規制を受けているのは何でしょう？　やはり同じリストがあてはまります。では、最もまずい状況にないものは何でしょうか？　ヘッジファンドのたぐいです。そして、最も規制されていないものは何でしょう？

証券取引委員会がしかけている、あの空売りに対するある種の聖戦《ジハード》が規制だというなら、あとはもう神のご加護を願うしかないでしょう。

アメリカ資本主義の強みを生かす

エスター・デュフロ
マサチューセッツ工科大学教授。
専門は貧困撲滅・開発経済学

創造的資本主義を支える重要な推進力である〝評価〟は、多くの場合、引き換えに犠牲を求めない。企業は多額の資金を投入してカーレースなどを後援し、ブランド認知を得ようとする。おそらくは、そうすることが経済的に理にかなっているからだろう。したがってブランドを魅力的な慈善運動と結びつけられれば、宣伝手法としてはカーレースを後援するのと同じ効果が期待できる。

以前、私はオランダの輸送・物流企業TNTのCEOがこれとまったく同じ主張をするのを聞いたが、それは実に説得力ある論理だった。F1のスポンサーをやめ、世界食糧計画（WFP）の支援に資金をあてることに決めた理由をCEOはこう説明した。レースサーキットにサイン広告を設置するより、トラックをWFPの食糧輸送に提供するほうが、非常に複雑で困難な問題にもうまく対処できる企業だというブランド・イメージを強く打ち出せる、というのだ。

この例は、創造的資本主義を支持すべきもう一つの理由を浮き彫りにしていると言えるだろう。私たちが成功している企業家を開発事業に招致したいと望むのは、目の前にある問題に、ビジネスセンスと技術的な専門知識、創造性――いずれも大いに必要とされている資質ばかりだ――をもってあたってくれることを期待しているからだ。

以上の理由で私も、ビル・ゲイツの楽観的な見方をおおむね共有している。企業は世界の貧しい人々の利益になる財やサービスを生産する役割を担っている。そのためにとるべき道は、世間の評価を得ることと引き換えに、企業の力を制御しつつ活用することである。しかしながら市場で販売する財やサービスを生産するのと、それらを貧しい人々の生活向上のために生産するのとでは、本質的な部分で違いがある。そしてこの違いこそが、創造的資本主義に大きな困難をもたらしているのだ。

資本家は本業で資金を稼ぎ、事業を継続しているが、それができているのは製品を気に入ってくれた消費者が、資本家が儲けを得られるだけの価格を支払ってくれているからにすぎない。こうして企業は持続的に価値を高めていく。しかしこの〝自動フィードバック・ループ〟は基本的に、社会セクターには存在しない。市場任せにしておいては望ましい結果に到達できない領域に、社会セクターが介入しているからだ。

私たちの多くは、正規の値段を支払うことができない人々、もしくは支払いたくない人々にも財やサービスを届けたいと望んでいる。親が子供たちに予防接種を受けさせ、子供たちを蚊帳の中で寝かせ、学校に行かせられるよう、補助をしたいと思っている。補助があれば受益者は、たとえそのサービスに限界費用相当の価値がなくても、特にほかの選択肢が限られている場合には、そのサービスを喜んで消費するかもしれない。しかし、補助対象となったサービスについては純粋な意味での市場テストはおこなわれていないので、本当に価値のあるものを届けられているのか、効率的にサービスが提供できているのか、完全な保証は得られない。

創造的資本主義の優れた点は、評価という名の心地よい満足感が市場で売買できるところにある。しかしこの満足感は、実際には受け手の利益にはつながらない危険性もはらんでいる。消費者や従業員、株主をいい心持ちにさせてくれる利他的な動機は、必ずしも貧しい人の助けになるものではない。だからこそイースタリー教授は再三、金持ちの自己満足から出た利他主義が、現実には貧しい人々を傷つけていることがあると主張しているのだ。

創造的資本主義の潜在能力を十二分に引き出すには、動機と効果のあいだに存在する矛盾を解決しなければならない。評価によって得られる恩恵と、創出される社会的価値とをできる限り近づけていくことが重要なのである。創造的資本家が支持する一つのアプローチは、私的価値と公共的価値のギャップがまったく存在しないか、たとえ存在してもわずかしかない領域を特定し、そこに活動を集中するというものだ。

貧しい人たちがサービスに対して正規の価格を支払うつもりがあっても、そのサービスを誰もまだ提供していないケースがある。あるいはそのサービスをもっと安く、あるいはもっと効果的に提供する方法があるかもしれない。創造的資本主義を活用すれば、こういったサービスの提供にエネルギーを集中することができる。なんといっても資本家の得意分野は、新しい製品を発明し、販売する方法を考えだすことなのだから。

　こうした利潤追求型の取り組みを活用して、まずは前進してみるべきだろう。創造的資本主義事業に対して、一定の猶予期間の後に少なくとも採算レベルには到達することを要求していけば、通常、社会セクターには欠落しているフィードバック・ループも導入することが可能になる。

　しかし、創造的資本家がこの種の事業のみに集中するのは、もったいないことだ。貧しい人たちが正規の価格を支払うことに前向きではなくても、社会的便益のある財やサービスは数多くある。公衆衛生面での介入のように、大きなプラスの外部効果がある場合——たとえば予防接種による恩恵は地域社会にいる誰もが受けられる——私的価値は公共的価値よりも低くなる。狭義の金銭的な意味での〝持続性〟（つまり、どのプロジェクトも財源を確保できるだけの十分な収益を生み出さなければならない）を追求すれば、非常に価値あるプロジェクトも結実しないで終わることになるかもしれない。

　上水道と下水道の例をとってみよう。最近では、貧しい世帯に対し、上下水道整備の費用をマイクロファイナンスで調達するよう求めるのが一般的になっている。しかし一つの世帯が加入を拒否した場合、システム全体が汚染のリスクにさらされ、下水道への投資がまったくの無駄になりかねない。この場合、貧しい世帯が加入できるよう補助することは経済的にも理にかなっているといえるだろう。

　したがって、創造的資本主義を、収益と社会貢献の双方を兼ね備えた〝ダブル・ボトムライン〟（訳注：〝二つの結果〟の意）を持つものととらえてはいけないということだ。実施する価値のある社会的投資の多くは、利潤をあげることはなくとも、大きな社会的利益をもたらしてくれる。

では、世間的な評価をどうやって社会的価値に合わせていくのか。

方法はある。企業がみずから支援、もしくは実施したプロジェクトの影響を厳密に評価し、その評価を公表するインセンティブを持たせるシステムを作ることだ。

何がイニシアティブの善し悪しを決めるのかについても、いろいろとわかってきている。MITのジャミール貧困対策研究所では、できる限り無作為に評価をおこなうことが、プロジェクトを評価する最も健全なやり方だと考えている。また、以前よりは何が機能し、何が機能しないかも明らかになってきた。

私は創造的資本主義がとるべき二つの道を提案したいと考えている。第一の道は、創造的な実験にエネルギーを集中することである。新しいアイデアを考え、時間も資金もきちんとかけて厳密に評価をおこない、結果を公表していく。そして、もしそのアイデアが完全な失敗に終わった場合は別の何かに移行する。アメリカ資本主義の大きな強みは、一つの事業や計画が失敗に終わっても、企業家や投資家が意欲をそがれることがまずないという点であり、それは社会セクターであっても何ら変わりはないはずだ。分析を経て、理解された失敗は、成功と同等の価値がある。いわば社会セクターの研究開発（R&D）と言っていい。

第二の道は、規模の拡大である。ほかの場所で機能することが判明した大規模な構想をどんどん実行に移していくことが必要なのだ。プロジェクトを選択するさいに、政府や国際機関、そして企業は、他者が導き出した失敗と成功のデータベースを活用することができる。

この手法は、機関や団体に対しても、知識やデータを収集し、その正当性を立証し、広めていくことを要求する。また、評価を構成する要素にかんしても何らかの基準が求められるが、この基準を遵守するのは容易なことではない。評価が重視されるようになれば、企業は受けるに値する以上の評価を得ようとするインセンティブを持つことになる。この問題のむずかしさは、資本主義企業に対して、第三者による会計監査報告を継続的に提出するよう求めるのとよく似ていると言えるかもしれない。

しかしこの領域でも大きな財団は重要な役割を果たすことが可能だ。評価と透明性にかんして高い水準を設定し、それを遵守することを通して、財団は模範を示すことができる。ゲイツ財団とヒューレット財団は、共同して実施した教育イニシアティブを通して、信頼性の高い評価プロセスのあるべき姿を見事に示してくれた。厳密な評価にもとづいて、有望なプロジェクトには資金を提供し、将来性のないプロジェクトは断念していったのである。

よき市民として認められることが世の中を変えるのか？

『フィナンシャル・タイムズ』紙コラムニスト
ティム・ハーフォード

ゲイツによると、市場インセンティブを活用して貧しい人々のために役立てる方法は、大きく分けて三つある。一つめは、いたって単純だが、企業がもっと勉強して〝経済ピラミッドの底辺〟で利益を獲得する機会をうまく見つけられるようになるというものだ。それも悪くはないが、キンズレーやバフェットが指摘したように、利用可能な市場機会のほとんどがすでにふさがっているであろうことが予期できる。

二つめは、貧しい人たちを助けることにつながるインセンティブを政府が提供するというものだ。具体的には、貧しい人たちを苦しめている疾病のワクチンを開発した企業を表彰する賞やそれに準じるものを設けるという直接的な手法、そして援助金を使って貧しい人々に有用なサービスを購入するなど、いわゆる成果重視型の援助といったやり方が考えられる。ほかにも可能な選択肢があるなかで、ゲイツが例にあげた、慈善事業に力を入れる製薬会社への見返りとして別の製品の審査を優先的におこなうという手法は、創造的資本主義よりもむしろアメリカの新薬承認システムの無駄に対して疑問を投げかけているといえるだろう。

しかしゲイツが最も重きを置いているのは第三の選択肢で、〝評価〟を〝市場にもとづいたインセンティブ〟として使うというものである。本書に参加している寄稿者の多くは、経営者が社会的目的のために企業の資源を流用するのは正当と認められるのかどうかをめぐって議論を戦わせた。論争の核となったのは、スティーブン・ランズバーグと今も引き継がれるミルトン・フリードマンの精神であった。しかし私はここでもう一つ疑問を投げかけたい。この方法ははたして機能するのだろうか、と。企業としてよい評判を追求することが、結果として私たちが見たいと願うような行動を推進していくのだろうか？

実を言うと、私にはそれがよくわからない。まずは、評価を求めることがどうしたら〝市場にもとづいたインセンティブ〟として機能するのかを考えてみよう。企業は、よい行いをし、よくない振る舞いを避けることで、従業員からは忠誠心を、顧客や取引先からは仕事を勝ち取り、社会的責任を意識している投資家からは安く資金調達ができるようになる。正しい行いをするためにかかるコストが、よい評価をもらうことで得られる利益を下まわるのであれば、それはよき企業市民たることをうながす、市場にもとづいたインセンティブの成功例と言えるだろう。

すばらしい。しかしどのような状況下でこの仕組みは機能するのだろうか？

第一に、評価というやがて得られるであろう報酬を期待し、先行してよい行いをするという投資に企業が踏み切るためには、企業自体が長く存続しなければならない。報酬を手にするまでには長い時間がかかるからだ。

第二に、善行に対する見返りや悪い振る舞いに対する懲罰は簡単に課すことができる。特定のブランドのガソリンを買わないことも、格好いいＲＥＤ製品を買うことも簡単だ。道義的な理由で会社を退職するほうがよほど大変だろう。

第三に、よい行いと悪い行いを見分けることは簡単にできる。企業はみずからの行動が評判に直結するということに気づくべきだ。これは、どんなにしゃれた広告キャンペーンでも真似できないほどに大きな影響を及ぼしかねない。

第四に、企業が見込む評価は、正しい行いをすることにかかる費用を上まわらなければならない。

以上の四つの条件が満たされた場合に、評価は市場にもとづいたインセンティブとして機能する。ただ私にはどうもそれが頻繁に起きるとは思えない。

成功裡に終わった評価向上キャンペーンを考えてみれば、それがどれだけ例外的なのかわかるだろう。労働搾取工場をめぐる数々の悪評を乗り越えて、ナイキはいまや労働基準の高さでは模範的存在と多くの人々に評価されるようになっている。しかしナイキは、基本的には市場で売買をおこなう組織である。労働基準を尊重することにはたいして費用はかからないし、尊重することこそが利益にかなっているのだ。ではナイキほど有名でないスポーツウェア・ブランドはどうなのか？　評判など気にするだろうか？　ナイキは資源を投じ、他企業と連携して責任ある活動をすることを目的とした組織を創設したが、多くのあまり有名でない競合企業はあっさりと参加を断った。このように〝評価〟インセンティブが有効なのは、非常に狭い範囲なのである。

REDプロジェクトはすばらしいアイデアではあるが、この試みもまた、自社の評判を気にする一握りの商標意識の高い企業の存在に依存している。しかも、こうした企業にとってはたいしてお金のかからないキャンペーンなのだ。

一九九〇年代中盤、サニ・アバチャ率いる独裁政権下のナイジェリアで起きたシェル追放運動と比較してみるといい。シェルももちろん自社の評価は気にしている。しかし評価に対するいかなるダメージも、ナイジェリアで石油生産を中止することによって発生するコストを上まわることは決してないだろう。シェルがナイジェリアに踏みとどまり、悪評を甘受したのは驚くにはあたらない。

メモリーチップ、銅、米といった一次産品や中間財、ノンブランド商品などを生産する企業は、評価をそこなう恐れから事業活動が深刻な制限を受ける可能性は低い。

評価をめぐる私の最後の懸念は、私たちもいつも本当に貧しい人々の助けになる振る舞いが何なのかを認識しているわけではないというところにある。簡単な例をあげよう。私の友人は最近、ルーマニアで生産された靴ではなく、イタリアで生産された靴をわざわざ購入した。（かなりあいまいな根拠ではあるが）ルーマニアの靴を買えば、搾取工場での労働を奨励するのではないかと考えたからだ。

もっともな心配ではあるが、ピントのはずれた表現のしかたといえるだろう。先進国に住む人々の多くはごく単純な人間であり、世界をよりよい場所にしたいという欲求を株主や顧客、従業員として、結果的にあまり気のきかないやり方で表現しているのではないだろうか。もし私の憂慮があたっているのなら、評価は予想以上に切れ味の悪いツールだということにならないだろうか。

貧しい人々を応援するうえで、資本主義が発揮できる役割は大きいとしたビル・ゲイツの信念には心から賛同してはいるが、評価のメカニズムが本当にそれを可能にするのかどうかについてはどうも納得がいかないのである。

財団資源を有効活用する方法

ビル&メリンダ・ゲイツ財団最高財務責任者
アレクサンダー・フリードマン

創造的資本主義は主として、企業の活動のしかたを改革することを意味している。これまでの論争のほとんどが政府の役割に終始していたので、私は創造的資本主義の発想が私立財団の目標達成にも役立つことを論じていきたいと思う。

財団の経営は概して、資金管理とプログラム運営とを切り離した形でおこなわれている。法律の定めにより、財団は毎年、資産の約五パーセントを支出しなければならない。そこで財団は五パーセントを永続的に支出しつづけられるよう、相対的に見るとかなり慎重に投資を実施する。投資にかんする意思決定は基本的に、財団が公式方針として掲げている目標とは関係ないところでおこなわれる。

しかし財団は資金の一部をまったく別の方法、すなわち、自身はほとんどリスクを負うことなく、世界の貧しい人々には多大な利益をもたらすようなやり方で投資することもできる。民間資本が投資しようとしないような領域で、いかに収益をあげられるかを示せるのである。要するに、財団は創造的資本主義の試金石になれるわけだ。

私がいま考えている例では、一般的な財団助成金よりもはるかに多くの資本を受益者に提供できるにもかかわらず、財団自身は資金を持ち出す必要さえないかもしれない。チャーター・スクールの場合を考えてみよう。公立学校の学区が建設費を調達するために公債を発行する場合（さらに言えば、住宅を購入するためにローンを組む場合も同様になる）、償還期間は二十～三十年が一般的だ。銀行その他の民間投資家は、担保として建物が裏づけにあれば、リスクを妥当な水準と判断し、それだけ長い期間でも融資をしてくれるだろう。しかし通常、チャーター・スクールは、五年ごとに許可証を更新しなければならない。金融機関は当然のことながら、五年で事業から撤退するかもしれない団体の三十年にも及ぶ債券は、引き受けたがらない。

そこで目下、一部の財団が介入して、投資家の元金の一部を保証するシステムをとっている。リスクは軽減され、債券も売却しやすくなるほか、さしあたっては財団も何ら支出をする必要はない。最後までまったく出費をしないですむかもしれないのだ。財団がこれといった問題に遭遇せず、チャーター・スクールも認可の更新に苦労しないようであれば、それ以上の支援なしに民間市場で資金を調達できるようになるだろう。

同様のモデルをもっと大きなスケールで活用し、国家の資本市場へのアクセスを助けることも可能だ。民間市場が歴史の教訓を読み違え、貧しい国々での投資を実際よりもリスクが高いものとして扱っているケースがあるかもしれない。たとえば、サハラ以南アフリカのある国家は、過去の問題が原因でソブリン債を発行できないでいるが、現在では安定した新政権に交代し、経済状況も改善されているとしよう。そこで一つまたは複数の財団が債券の一部を保証することに同意すれば、この問題の潜在的解決につながるのだ。

もちろん、債券発行の具体的な目的も、財団の目標にかなったものでなければならない。しかし国家が特に問題もなく貸し手への返済を終えれば、資本市場はその国への投資リスクを再評価するだろう。その国にとっては、考えられるどんな補助金よりも大きな弾みとなるはずだ。それに、なにより財団には一銭もコストがかからない。もちろん、財団は帳簿に保証料を計上しなくてはならない。

たとえば、起債が十億ドルで、保証料が一ドルあたり三十セント、債務不履行のリスクは五〇パーセントだとすると、一億五千万ドルの損失引当金を計上しておく必要がある。しかしそれでもお得な話ではないだろうか。理論上は必要だが支払わないですんでしまうかもしれない一億五千万ドルとひきかえに、財団は貧しい国に利益をもたらすであろう十億ドルの資本を解き放ち、民間資本が競って見習いたいと思うであろう手本となることができるのだから。

財団が主権国家への援助をおこなう場合は、マイクロファイナンスの手法を見習うのもいいかもしれない。マイクロファイナンスとは現在、開発途上国では一般化しつつある慣行で、金融システムが十分に発達していない貧しい国家に暮らす人々の集まり（グループ）に対して、少額のビジネスローンを提供するというものだ。この場合、グループ全体が監督者兼執行者となり、構成員である個々人のローンの返済を保証する。

同様に、財団の資本は複数の国家の集まり、つまり二〜三カ国で構成されるブロックに対してしか提供できないと仮定してみよう。共同で支援を受けた国々はたがいを監視し、共通のリスクに対する相互認識にそって防衛措置を策定することを迫られるだろう。理論上、この種の協調は、地域交易を促進するなどの副次的利益をもたらし、国家間の関係を深めるのに役立つとされている。

しかし財団にはもっといろいろな支援ができるはずだ。発展途上国では金融システムが未発達であるため、常に卵が先か、ニワトリが先かという問題がつきまとう。投資家は、賢く投資したくとも地元経済について十分な知識がない。また、政府や地域文化に企業家活動を奨励しようとする土壌がない場合もある。経験を積んだ経営者もいなければ、指導的立場に立てる人材にさらなる教育や訓練を施すための機関や組織も十分にはない。現地の投資銀行業界も未発達であるか、もしくはもっと悪い状態にあるかもしれない。政府の安定性に対する信頼もうすい可能性がある。こうしたマイナス要素すべてが国外からの投資を阻害する。そして外部からの投資が得られない結果、諸問題はさらに悪化していく。

そこで提案がある。財団や従来型の民間資本は、共同で貧しい国々に投資できるのではないだろうか。民間投資家を参入に前向きにさせるために、財団は市場よりも低い収益率を受け入れることに同意すればいい。そして、投資の採算がとれるようになった時点で、財団が返上していた収益の少なくとも一部を回収する。この方法は特定のプロジェクトの資金調達をおこなうさいに利用できるばかりでなく、開発途上国への投資も元がとれるということを示すものとなる。この方法が功を奏せば、やがては財団の担う役割は小さくなっていくだろう。

このモデルはさまざまな形態をとることができる。たとえば、財団が民間投資家との有限責任《リミテッド・》事業組合《パートナーシップ》に参加する、あるいは、財団が貧しい国々での投資事業にかんして〝最後の買い手〟としての役割を担うといった形が考えられる。とはいえ、どのケースでも原則は同じで、財団は投資機能とプログラム機能とを切り離すことなく、投資を活用してプログラムを推進することができる。

単純に財団が実施しているプログラムだけをとってみても、知的所有権をはじめ、それ自体に価値があるものを創出する効果が期待できる。たとえば、貧しい国々を苦しめる病気の治療薬を開発することに専心する財団を考えてみよう。わかりやすい例としては、エイズやマラリア、結核、そして特定の見過ごされている熱帯伝染病への取り組みがあげられる。この分野に携わっている世界五大財団は、百三十を超える新薬を開発中である。新薬を開発する費用がどれほどのものかを考えると、それを百以上も開発するコストは、どの財団にとっても、あるいはすべての財団の力を結集したとしてもまかなえない規模だ。従来型の市場の力、すなわち創造的資本主義の活用は不可欠になるだろう。またちょっとした思考の転換で、実行可能性が大幅に向上することも忘れてはならない。

財団は、知的所有権に対して大学がとっているアプローチを踏襲すべきだと思う。個々のプログラムや助成金を分析し、財団がどの領域で知的財産を所有しているのか――完全に所有しているのか、それともほかの団体・組織と共同で所有しているのかなどを精査していく。その上で、本来の助成の目的以外にもビジネスチャンスがあるのかどうかを検討すればいい。

たとえばある財団が現在、結核の新ワクチン開発プログラムに多額の資金を投入しているとしよう。財団の目標はあくまで開発途上国がおかれた条件下で効果を発揮する結核新ワクチンを開発することであるが、先進国にもこの製品の市場はあるかもしれない（移民、医療従事者、兵士など）。財団は先進国での権利を、製薬会社やバイオ企業などの業界関係者、または未公開株式投資家に売却することもできるし、これらの権利をまとめて新会社に譲渡し、その会社が株式を公開するか、民間投資家に持ち分を売却するかを選択することも可能だ。どんな方法を選んでもかまわないが、財団に入る収益を開発費用の相殺に使えるところにポイントがある。

これらの事例に共通して言えるのは、財団資本は旧来の民間資本よりも柔軟に活動できること、そして、民間資本が現在、投資をおこなっていない領域でも利益をあげられることを実証しているということだ。つまり、財団は投資を通してだけでなく、助成金を通しても当初の目的を果たすことができる。助成金を従来型の投資に近いあり方としてとらえるなら、助成金自体が償還の一部のようなものではないだろうか。必要なのはただ、あと少しの創造性と資本主義的発想だけなのだ。

反ビジネスの気運が高まるアメリカ

『フィナンシャル・タイムズ』紙コラムニスト

クライヴ・クルック

ビル・ゲイツが始めたこの論争について最ももどかしく感じるのは、〝創造的資本主義〟という用語があまりに漠然としている点だ。この用語はあまりに膨大でしかも多様な活動を網羅しているので、単純にイエスかノーの二者択一はできない。誘惑に屈し、創造的資本主義をめぐるビルの主張に対して、安易に支持や反対を表明してしまうよりは、時にはよい結果を、時には芳しくない結果をもたらすこの概念を実践するさまざまな手法を分類していくほうが、生産的かもしれないと思う。

最も面倒がなく、また、最善と思われるケースから見ていこう。これまで創造的資本主義（かつては〝企業の社会的責任〟と呼ばれていた）の推進者はおおかた、この発想が究極的には株主にも社会全体にも役立つものと主張してきた。

しかしこれまで見てきたように、ミルトン・フリードマンの思想を受け継ぐ多くの経済学者は、この点にかんして疑念を抱いていた。創造的資本主義が本当に利益を推進するのなら、すでに実践されているはずだからだ。創造的資本主義そのものが資金を稼ぎ出すのなら、まったく新しい種類の資本主義を提唱することはもとより、ゲイツが先見者として社会的便益を力説する必要もない。したがって私は本能的に、自分を懐疑論者陣営に位置づけている。

この反応は例の〝道端に十ドル札が落ちていても拾わない〟という論理に通ずるものがある。しかし、時には本当に道端で十ドル札を発見することもあるということを忘れてはならない。創造的資本主義の考え方は私たちの視野を広げ（より長期的に考えられるようになる）、あるいは、視線を向けるべき新たな地平を示してくれるのかもしれない（たとえばスタッフを大切に扱う、顧客の声に耳を傾ける、底辺の十億人を忘れない、など）。

もしかしたら、一般の利潤追求型企業にかんしては、ビルはおもに視野の広がりを念頭において話していたのかもしれない。もしそうならば、感情と私利とを結びつけた新しい種類の資本主義うんぬんというダヴォス関連の話は的はずれだということになる。ならば、これまで論じられたことはすべて忘れてしまおうではないか。創造的資本主義は単に、企業がすでに実践していることをもっとうまくやれるようにする方法にすぎない。

私はもっとうまくやるということについては全面的に賛成だが、おたがいのプラスになる〝ウィン－ウィン〟の創造的資本主義については、行動は言葉よりも雄弁と言うにとどめておこう。経営の専門家と違い、第一線にいるビジネス界のリーダーたちは、資本その他の資源を自由に使える。よい行いをしつつ儲けられるチャンスというものはこれまでずっと見過ごされてきた。そこに世間の注意を喚起する一番の方法は、何と言ってもぐずぐずせずやってみせることだろう。従業員の待遇を改善し、二酸化炭素排出量を削減することがひいては業績向上に反映されるため、コストがかかっても元はとれること、あるいは、開発途上国の消費者ニーズを満たして一財産を築くことも夢ではないことなどを、実際に示す必要がある。現実にできることを証明しさえすれば、創造的資本主義の発想はたちまち広まっていくだろう。

しかしビル・ゲイツの頭にあったのは、この類のウィン－ウィン創造的資本主義だけではないだろう。貧しい人々のためになる活動をしても必ずしも儲からないとも言っているからだ（もっとも私は間違って口走ってしまったのだろうと思っているのだが）。実際、ゲイツによると、この点こそが通常の資本主義の根本的な欠陥だという。だからこそ企業に、よい行いをするために利益の一部を犠牲にするよううながしているらしい。ところがここでゲイツの説明はあいまいになる。無私の行為が後に商業的な見返りをもたらすのか（その場合は根本的な欠陥は消えてなくなることになる）、それとも利潤は永続的に失われてしまうのか、はっきりしない。後者であればもちろんこれは企業による慈善行為の一種ということになる。

企業による慈善行為――株主の配当が経営者のひいきにする慈善団体へと渡ることを意味する――は、ビジネス倫理とコーポレートガバナンスの問題でもある。寄付することについて、経営幹部が企業の所有者から明確な同意（議論の分かれるところではあるが、暗黙の同意でもよいだろう）を取りつけているのであれば、それもいいだろう。非公開企業だった時分に利潤の一部を慈善団体に寄付していて、その慣行を上場しても継続するという了解のもとに株式公開に踏み切ったホール・フーズなどの企業は、誰かをだましているわけではない。しかしもし、自分が株式を保有する管材メーカーのCEOが、音楽好きが嵩じて歌劇団の企業スポンサーになってしまったことを後で知ったなら、私は最初にうかがいをたててほしかったと思うに違いない。くれぐれも、経営者のやることが気に入らないのなら、株主は株を売ればいいじゃないか、などと気安く口走らないようにしよう。そのほかのたとえばインサイダー取引や高額の役員報酬といった深刻な経営権濫用の事例に対しても同様である。

ウィン-ウィンの関係と、いわゆる〝借り物の美徳〟のほかに、創造的資本主義がとる可能性のある形態はあと二つある。創造的資本主義に根ざした一部のイニシアティブは、利益はあげるかもしれないが、意図せずに福祉のレベルを落としてしまうことがある。また、ほかのイニシアティブのなかにも最終収益を損ない、社会福祉を後退させてしまうものもあるかもしれない。

利潤の水準も社会福祉の水準も下げてしまう〝勘違いの創造的資本主義〟のイニシアティブの例は実在するのだろうか？　もちろんある。企業の社会的責任は、アメリカよりもむしろヨーロッパで、企業版の〝政治的公正運動〟となって広まった。だがうわべばかりがとりつくろわれ、役所仕事の間接コストが発生するばかりで、ほとんど経済的には目的を果たしていない。

リサイクルへの固執がよい例だ。こうした活動の多くはまったくの無駄であり、利潤も福祉も犠牲にしながら、労力その他の資源を供出することになる。多くのCEOは無意味だと思いつつも、必要とあればこの種の社会事業は遂行されなければならないものだと主張する。平穏な生活を送るためなら何でもするというのが彼らの考え方で、コストが低く抑えられている限りは満足している。創造的資本主義の推進者は企業に圧力をかけてまで務めを果たさせたいのか、じっくり考えてみるべきだ。

しかし私が最も注意を払うべきだと思うのは、第四の、そして最後のカテゴリーに分類される〝悪性の創造的資本主義〟であり、これには創造的資本主義の擁護者も大いにためらいを感じるはずだ。昨今、企業に対してつきつけられている政治的要求も、もともとは善意から出ているのかもしれないが、世界的福祉という観点から見ると、常に正確な判断にもとづいてなされているわけではない。アメリカやヨーロッパのよく知られた巨大な企業には、たとえば業務の海外への外注を減らし、開発途上国の納入業者に対してもきびしい労働・環境基準の管理をおこなうようにとの圧力がかけられているのである。

こうした要求に応じることが利潤の最大化につながる場合も多い。というのも、要求に従わなければ企業の活動は消費者に支持されなくなるからだ。しかしどう考えても、貧しい国々への投資を抑制することが貧しい人々の利益にかなうかどうかにかんしては、議論の余地があるのではないだろうか。

今日のアメリカでは、〝反貿易〟〝反ビジネス〟の気運が高まっている。企業は逆風の中、力の及ぶ限り舵取りをしながら前進していかなくてはならない。そうした状況下では、よき企業市民であることを公約する――ひょっとしたら心からそうしようと思っているかもしれない――ことは、正しいだけでなく、現実的な対応でもあるのかもしれない。

しかし、資本主義の批判者に誠心誠意向き合い、彼らの主張に真摯に応える代わりに、彼らに歩み寄り、同調しようとするなら、この戦略は半ば自滅を招くだろう。私のように、競争と自由企業体制は社会発展の原動力であり、このシステムを振り出しに戻す必要などないという見方を信じているのなら、反対を唱える人々の主張を受け入れるべきかどうかもう一度よく考えてみるべきである。

企業は〝経済ピラミッドの底辺〟に新しい市場を求めよ

ビル＆メリンダ・ゲイツ財団ポリシーアナリスト
トレーシー・ウィリアムズ
同政策・政府関連担当ディレクター
マイケル・デイチ
同シニア・アドボカシー・オフィサー
ジョシュ・ダニエル

私たち三人はゲイツ財団に勤務している。ビルが創造的資本主義を提唱しはじめて以来、この問題について考えてきて、ビルとも少しだが意見を交換してみた。ここに寄せた原稿はビルの考えにおおむね沿っていると思うが、ビルが実際に目を通して内容を承認したわけではないので、こまかい点では異論があるかもしれない。

しかし、創造的資本主義をめぐるこの論争を契機に、貧しい人々を応援することがひいては企業利益に結びついていくような活動を、もっと多くの企業に検討してもらえたらと願っているのは、ビルも私たちも同じだ。

創造的資本主義とは何なのだろう？　これについて私たちはこう考えている。

●資本主義はこれまで何十億もの人々に大きな成功をもたらしてきた。これからもそれは変わらないだろう。創造的資本主義は、何も資本主義を変えようというのではない。しかし、十億もの人々がいまも一日一ドルしか稼ぐことができないでいる。開発途上国世界に暮らす人々のほぼ半数は基本的な公衆衛生設備へのアクセスを持たず、三十秒に一人の子供が予防可能であるはずのマラリアで命を落としている。市場改革と資本主義の広がりはやがてはこうした問題の解決に結びつくはずだが、創造的資本主義はその過程を早める方向で、資本主義を制御し、活用していこうとするものだ。

●創造的資本主義は、不平等や不均衡を緩和する取り組みに参加する企業を増やそうという試みである。企業が今日こういったたぐいの取り組みを積極的にやろうとしない理由は、適正なインセンティブがないからだという仮定の上に、この構想は成り立っている。企業はどうしたら社会貢献活動から直接的に利益をあげられるのか、社会貢献活動に携わることがどうして企業の価値を高めることにつながるのかを理解できないでいるのだ。創造的資本主義というのは、すでに存在するこうしたインセンティブを発見し、現在あるインセンティブが不十分な場合にはさらなるインセンティブを創出しようとするものだ。

具体的には二通りの方法がある。

一、企業は利潤や評価といった既存の市場インセンティブを活用して、貧しい人々に役立つ活動をするための、さらに効率的な方法を模索する。

二、政府、非営利団体、慈善団体は、持てる資源と専門知識を活用して、不平等や不均衡を緩和し、貧しい人々のためになる活動へ企業を参加させる新たな市場インセンティブを創出する。

企業は既存の市場インセンティブを活用することによって、大きく分けて二つの方法で貧しい人々の役に立つことができる。
一、収益性が高いもののこれまでは認知されていなかった、貧しい人々に有用な市場を開拓する。C・K・プラハラードが著書『ネクスト・マーケット』で論じているように、企業は貧困層向け市場のニーズに沿った変革に乗り出さない場合があるからだ。
二、社会的大義を支持する。社会的大義を支持することで、企業は〝よい行い〟をしているという評判を高めることができるし、さらには、自社製品を差別化して（たとえば〝フェアトレード〟コーヒーなど）、特定の顧客や従業員を獲得することができる。REDキャンペーンがその一例で、GAP、グリーティング・カードのホールマーク社、デルなどの企業がREDブランド製品を販売し、収益の一部をエイズ関連活動に寄付している。

これに対し政府、非営利団体、慈善団体は新たな市場インセンティブを編み出し、貧しい人々の暮らしを改善する事業活動を推進することができる。
一、政府は創造的資本主義を推進する法政策や規制政策を展開することができる。具体的には、政府は全般的なビジネス環境を強化し（たとえば、所有権をより明確に定義し、保護するなど）、貿易規定を変更し（たとえば、開発途上国の生産者たちが市場にアクセスしやすくするなど）、貧しい人々に役立つ活動をするよう企業にインセンティブを与える（たとえば、ビルがダヴォスでのスピーチでも触れた、食品医薬品局の優先審査制度など）。目指すべき理想は、効率的で、貧しい人々が確実に恩恵をこうむることができ、政治的・経済的に持続可能な政策の実施である。

二、政府、慈善団体、非営利団体は、その財源や技術面の専門知識を、貧しい人々の利益になる事業活動の推進に活用することができる。短期投資は貧しい人々のために役立つと同時に、長期的には市場で持続可能な事業活動に結びついていくだろう。たとえば、インフラや能力《キャパシティー・》開発《ビルディング》への投資は、小自作農に従来より広範な市場へのアクセスを提供し、持続可能なビジネスモデルの展開を可能にする。

非営利団体のテクノサーブは現在、ビル&メリンダ・ゲイツ財団の助成金を利用して、アフリカのコーヒー生産者と同様の取り組みをおこなっている。企業を対象とした短期インセンティブが、貧しい人々に有益な革新へとつながるケースもあるだろう。事前買取制度（AMC）は、スポンサーが提供した資金を活用して、企業に発展途上諸国を苦しめる病気の治療薬を製造するインセンティブを与える取り組みだ。

創造的資本主義について学ぶべきことはまだまだたくさんある。創造的資本主義は新しい概念ではないが、目下これまでよりもはるかに速いペースで、しかも目に見える形で広がっている。それは学習機会、新たな発想、経験を積んだパートナーを生み出しつづけているのだ。こうした現象がもっと多く、今まで以上に広範な産業で起きることを期待してやまない。

そして、創造的資本主義はどんな利益をもたらしてくれるのだろうか？

●企業は〝ピラミッドの底辺〟のニーズに応える新しい市場を開拓することができる。収益をあげながらも、一日あたり最大二ドルの収入しかない人々のニーズに応える機会はそう多くはないはずだと言った寄稿者もいた。もしそんな機会があるのなら、企業はすでに市場に参入しているはずだというのだ。

しかし情報は完全ではなく、市場も完全な競争状態にはないのだから、貧しい人々のニーズに応えられる未開拓の市場はまだかなりあるのではないだろうか。C・K・プラハラードが指摘するように、情報格差や誤認識のせいで有益な機会を見過ごしてしまう可能性もある。さらなる実証的データが出てくるまでは、今まで以上に計画的かつ創造的なやり方でこの種の機会を探すよう企業に奨励することは理にかなっている。

●〝善行〟を利用して従業員や顧客を引きつけることができる。貧しい人々を応援する活動に携わっているという評判は、従業員（よい人材をスカウトし、雇用を継続することが簡単になる）、顧客（購入を決定するさいに企業の評判を検討する人もいる）、その他の利害関係者との関係において企業にプラスに働くことがある。企業の評判が従業員の雇用と慰留にかかる費用を引き下げ、顧客ベースを増大させるのであれば、よい評判は収益に直接、反映されるといっていいだろう。

●企業は社会的責任（ＣＳＲ）を果たすことができる。企業の社会的責任は、その目的が不平等や不均衡の緩和や、企業に有益なことである場合には、創造的資本主義の一つの形態であると私たちは考えている。ＣＳＲが収益をあげるかどうかは、その取り組みがどのような構成になっているかに左右される。『戦略と社会――競争優位とＣＳＲの関係』（ハーバード・ビジネス・レビュー、二〇〇六年）で、マイケル・ポーターとマーク・クレーマーは、企業の競争上の優位を強化する手段の一つとして、〝戦略的ＣＳＲ〟を実践し、ビジネス戦略に社会的要素を盛り込むよう呼びかけている。

それではなぜ企業は社会問題に関与すべきなのか？

この質問を別の言い方で投げかけてみよう。「企業が利潤の最大化にのみ邁進し、株主が最善と思うやり方で寄付するにまかせるのではどうしていけないのか」。もちろん利潤追求と社会的目的の追求を厳格に切り離すことこそが、実際には最善のアプローチである場合もある。しかし、企業の持つ専門技術や知識、製品、プロセスが、その企業を特定の社会的便益の最も効率的な提供者としている場合もあるはずだ。たとえば、ワクチンの最も効果的かつ効率的な開発者が製薬会社だったとしても誰も驚かないだろう。したがって従業員、消費者、株主が時に企業を介して利他的精神を発揮することを選ぶのは、理にかなっている。たとえば、

●貧しい人々に役立つ可能性のある知識を持つ科学者は、個人で仕事をし、寄与をするよりも、自身の企業や事業活動を通じて利他的精神を発揮するほうが効果的であると考えるかもしれない。

●開発途上国の農業生産者を応援したい消費者は、フェアトレード製品を買うことこそが、その目標を実現する最善の方法であるという結論に達するかもしれない。

消費者や労働者のように、事業主も時に自身の会社を通して寄付することを選ぶ。たとえば、ムハマド・ユヌスが「マーケティング活動を通して費用を回収し、利益を分配せず再投資しながら、貧しい人々の支援などの社会的目標を最大限達成していくことを目指す組織」と定義した〝社会的事業《ソーシャル・ビジネス》〟の設立に踏み切るかもしれない（ユヌスの著書『貧困のない世界を創る――ソーシャル・ビジネスと新しい資本主義』〔早川書房、二〇〇八年〕を参照のこと）。

もう一つの例は、低収益有限責任会社、別名L3Cで、これは社会的便益のある活動に携わるという明確な目的のもと運営されている営利目的の法人である。〝Bコーポレーション〟はまた別の実験的事業形態で、事業の定款自体に、社会的目標が盛り込まれている。

企業が市場で生き残るには利益をあげる必要があり、常に株主に対する〝受託者の義務〟を負っている。創造的資本主義もそれを変えはしない。しかし株主は利他的目的にかなうように自身の所有する企業を使うことができるし、また、時に意図的にそうすることを選ぶ。

創造的資本主義に、確実に効果を発揮させるにはどうしたらいいのだろうか？

創造的資本主義が及ぼす社会的影響については、何らかの評価査定が実施されなければならない。創造的資本主義という概念に意義があることを確認すると同時に、創造的資本家が携わっているよい行いに対して〝お墨付き〟を与えるためだ（そして付随する評価によって生じる恩恵を企業が享受できるようにする）。こうした目標を達成するために、政府、非営利団体、慈善事業は、企業の事業活動が及ぼす社会的影響を確認・測定し、創造的資本主義の〝支持インフラ〟をつくることができる。たとえば、

●ラグマーク（訳注：違法な児童労働を阻止することを目的に設立された国際的NPO、ラグマーク財団が実施する絨毯製造の認証制度）のような社会ラベルは、企業に基準を与えるとともに、その製品がどのように社会的目的を支援しているかについて消費者に情報を提供する。

●医療アクセス指標《アクセス・トゥー・メディスン・インデックス》は、政府、学界、非営利団体、一般市民に対し、世界規模で医薬品へのアクセスを向上させる取り組みを製薬会社がどう支援しているかについて情報を提供する。

●非営利団体は、企業が自身のイニシアティブの社会的影響を測定するにあたって支援をおこなうことができる。たとえば、栄養向上のためのグローバル連盟（ＧＡＩＮ）とジョンズ・ホプキンス大学は、乳製品製造業大手のダノンがバングラデシュのグラミン銀行と共同で運営してい

る合弁事業（低価格の栄養強化ヨーグルトを子供向けに販売）に対し、製品が児童の栄養状態に及ぼす影響の評価分析を支援している。彼らは一年間の調査をおこなう。調査結果がこの取り組みの成功を示唆すれば、ダノンも合弁事業も大きな注目を浴びるだろう。たとえ期待していたほどの影響が見られなかったとしても、この調査研究は合弁事業の向上に貴重な情報を提供するはずだ。

●世界ビジネス開発賞（国際商業会議所、国連開発計画、国際ビジネス・リーダーズ・フォーラム後援）や、『ファスト・カンパニー』誌が選ぶ社会的資本家賞などの賞は、企業の実績を評価し、一般市民向けに紹介する役割を担っている。

世界の貧困を撲滅するのに、創造的資本主義はどれほどの重要性を担うのだろうか？

世界の貧困との闘いにおいて真の進歩を実現するには、ガバナンス、医療、教育、インフラ、主要経済部門（特に農業）、そしてその他の多くの分野において飛躍的な改善が必要になる。単一の行為者が単独で行動するだけでは、問題は解決できない。先進国は世界経済への発展途上国の統合を支援し、発展を後押しするような、良質の援助をさらに提供していく必要がある。発展途上国は市場を推進する政策や法律を導入すると同時に、貧しい人々を守っていかなくてはならない。どちらもすぐには実現しないだろうし、容易な道ではない。

私たちは、入手可能なツールをすべて使わない理由はないと考えている。創造的資本主義はさらに多くの、それも持続可能な資源を、世界の貧困との闘いにもたらしてくれるはずだ。

そうは言っても創造的資本主義は、政府や非営利組織といった他の機構や組織のほうがうまくできることを企業にあえてやれとは要求していない。創造的資本主義は、重要な行為者やサービスに取って代わろうというのではない。また、そんなことはすべきではない。創造的資本主義はむしろ、企業に対して、自身の利益になることをしながら、効率的かつ効果的に貧しい人々の役に立てる方法がないのか検討するよう要請しているのだ。

もちろん、どの企業もこのような社会貢献活動に比較優位を見出すことができるわけではないし、それはそれでかまわない。創造的資本主義は単に、より多くの企業にこの問題を考えてくれるよう呼びかけているだけなのだ。そして政府や非営利団体、慈善団体に対しては、インセンティブを創出して企業を社会貢献の取り組みに巻きこむことで、自身の目標の達成度をあげたり、資源を長く持たせたりすることができないか、検討するよう求めている。

この議論に参加した人々のなかには、創造的資本主義は本当に昔ながらの資本主義と違うのかと問いかけた者もいた。企業がもともとあるインセンティブを活用しただけならば、呼びかけなどする必要があるのかと彼らは言った。もし本当に自身の利益になることなのであれば、企業は自然に創造的資本主義を追求するのではないのか、と。

私たちは、創造的資本主義を提唱していく価値はあると思っている。企業は完全な情報を持たず、世の中に存在するあらゆる機会を把握しているわけでもない。また、ビジネス戦略にも、はやりすたりがある。政府や非営利団体、慈善団体は企業のために新たなインセンティブを創出し、企業活動が及ぼす社会的影響を追跡調査することで、創造的資本主義をより賢明でよりよいものにする手助けができるのだ。

創造的資本主義は、資本主義の新たな潜在的可能性を引き出しつつ、貧困から人々を脱出させられるのではないかと私たちは期待している。いまこそ資本主義的革新の限界を乗り越え、企業や政府、非営利団体、慈善団体といった行為者すべてにもっと大胆に実験していってほしい。

アメリカ企業は貧困国を助けられない

カリフォルニア大学経済学教授
グレゴリー・クラーク

先のゲイツ財団の提案を読んで、世界の貧困という根深い問題に表面的にしか触れていないという印象を強く受けた。たとえ援助が功を奏しても貧困の症状を改善するにすぎず、根本の原因を治療することはできない。

たとえばアフリカの農業は低い生産性に悩まされている。人々の栄養状態は悪く、病気にも無防備だ。金融機関は基盤が脆弱である。しかしアフリカの本質的な問題は、驚くほど労働力が安いにもかかわらず、重要な製造・サービス産業が発達しないというところにあるのだ。生産労働者の賃金は、東アフリカでは一時間あたりおよそ四十セントであるのに対し、アメリカやEUでは十~二十ドル、時にはそれ以上にもなる。それでも産業化の波はアフリカに向かおうとはしないのである。

アパレル産業はしばしば貧しい国々に貧困から抜け出す道をもたらす。人件費がコストの大半を占めているためだ。しかも、アメリカやEUには開かれた市場がある。平均的なアメリカ人はジーンズを八本所有しているともいわれているほどで、需要は大きい。輸送コストは相対的に低く、必要な技術もいたってシンプルだ。それなのになぜアフリカは主要な供給地域にならないのだろう?

カンボジア、ラオス、バングラデシュといったアジアで最も貧しい国々は、われ先にこの業界に参入し、いまや大量の衣料を輸出している。しかしタンザニア、ケニア、アンゴラなど、所得水準でアジアの三国と並ぶアフリカの国々では、衣料産業はいっこうに発展する気配がない。

アフリカ諸国の中では唯一モーリシャスだけが衣料製造業で成功を収めている。インド洋のただなかという不便な立地で、人口はわずか百二十万人、そして一九六八年の独立時には経済が完全に砂糖生産に依存していたにもかかわらず、衣料製造業の発達によってモーリシャスは中所得国の仲間入りをすることができたのだ。百二十万人いる国民は主として、植民地時代にインドから送りこまれた契約農園労働者の末裔で、この産業はすべての原材料を輸入に頼っているにもかかわらず、年間一人あたり一千ドル超相当の衣料を輸出している。

世界のアパレル産業は移り気で、常に安い労働力を追いかけている。この業界で働く気ぜわしい企業家たちも中国人、インド人、韓国人と、非常に国際色豊かだ。しかし今までのところ、彼らは地球上で最も安い労働力、すなわちサハラ以南のアフリカの労働者を雇用することに利益を見出してはいない。しかしもし本当に経済発展がアフリカを訪れるのであれば、それはこうした企業家たちを介してであろう。

残念なことに、高賃金と高い教育水準を前提に事業活動をおこなう主要なアメリカ企業は、産業化が必要なアフリカ諸国にはあまり提供できるものがない。そこまで安い労働力を必要としない商品の生産に特化しているからだ。したがって、サハラ以南のアフリカ諸国に暮らす困窮した人々を（生産的雇用を通して）効果的に動員するという課題の解決策についても、画期的なアイデアはないようだ。

ビル・ゲイツは行動を呼びかけた。しかしこの要請は、どのような活動がアフリカの貧困を終わらせる助けになるのかを、アメリカ企業が簡単に見出せることを想定している。また、アメリカの企業が経済学者にその答えを求めるなら、おそらくひどく失望させられることになるだろう。

ロチェスター大学経済学教授
スティーヴン・ランズバーグ

貧困層を収奪する政府こそ元凶である

ゲイツ財団の筆者たちが何を言おうとしているのか私には皆目わからないし、まず間違いなく、彼ら自身もわかっていないのではないかと思う。

箇条書きの最初の項目では、「創造的資本主義は、何も資本主義を変えようというのではない」と述べ、さらに第二の項目では、「創造的資本主義は、不平等や不均衡を緩和する取り組みに参加してくれる企業を増やそうという試みである」と論じている。なるほど。ということは、これは資本主義を変えるという話なのかもしれない。企業は他の目標を排除して収益を最大化しようとするか、しないかのどちらかである。目標を追加すれば、資本主義そのものを変えることになるからだ。

このはなはだしい矛盾から目をそらすために、創造的資本主義のもとでも、企業は利潤を最大化しつづけるのだと筆者たちは主張する。貧しい人々を応援する方法を見つけることで、利潤の最大化という目標ももっとうまく達成できるようになるというのだ。確かに、多くの企業には改善の余地があるという指摘は正しい。貧しい人々の役に立つ機会も、富裕な人々の役に立つ機会も見過ごしているからだ。それでは創造的資本主義というのは、富裕層に対してではなく、貧困層に対してもっと努力をするようにという呼びかけなのだろうか？　それとも全般的にもっと努力するようにという要請なのだろうか？

もし創造的資本主義が、単に利潤追求の努力を意味しているならば、株主総会に出席している不機嫌な株主はみな創造的資本家になってしまう。また、創造的資本主義が、一部の機会に対して、他の機会に対する以上に努力をするということならば、それは利潤最大化からの逸脱になってしまう。

いったいどちらなのだろう？　私にはわからない。筆者たちの文章を読んでも助けにはならないだろう。私の目に入るのはこんな月並みな文句ばかりだ。

「企業は既存の市場インセンティブを活用して、貧しい人々に役立つ活動をするための、さらに効率的な方法を模索する」

では、企業が矛盾するインセンティブに直面したとき、これらのインセンティブの一部を偏重する（そして暗に、収益最大化という目標を希薄化する）よう求めているのだろうか？　これはイエスかノーで答える質問なのに、なぜ答えが示されていないのか？　あたかも答えがどちらとも言えないという振りをしたいようにも見える。

そして同じような論調が延々と続く。読み手は、企業にはありとあらゆる立派な行いができるという話を聞かされる。たとえば、「収益性が高いもののこれまで認知されていなかった、貧しい人々に有用な市場を開拓する」などだ。確かに、それは利潤最大化の好戦略になりうるだろう。同様に、〝収益性は高いが、これまでは認知されていなかった、富裕な人々に有用な市場〟を開拓することもできる。後者よりも前者に照準を合わせるということは、やはり利潤最大化の目標を希薄にすることを意味する。しかし筆者たちはこの目標を希薄にしたくはないと言う。繰り返しになるが、それではいったい何を望んでいるのだろう？

筆者たちは企業が貧しい人々に有用な製品を生産することを望んでいる。同時に、企業が社会的大義を支援することも望んでいる。筆者たちの言葉によれば、これは貧しい人々の役に立つことができる「大きく分けて二つの方法」だ。

しかしこの見方は企業が貧しい人々の役に立つ〝重要な〟方法を見過ごしている。それは、貧しい人々の生産性を高めること、もっと具体的に言うなら、貧しい人々のために雇用を創出することだ。ナイキが第三世界の労働者のためにできる最善のことは、低価格のスニーカーを提供することではない。富裕な西洋人向けの高価格のスニーカーを製造する仕事に従事させるため、労働者を雇用することなのだ。

ところで、なぜ企業がいますぐやめられる行動ではなく、これからやり始められる活動ばかりが強調されているのだろう？　大手穀物会社のアーチャー・ダニエルズ・ミッドランドが砂糖の輸入割り当てをめぐるロビー活動をやめたとして、それは創造的資本主義の一例になるのだろうか？　この種の〝ネガティブ創造的資本主義〟のほうが、ここで論じられている〝ポジティブ創造的資本主義〟よりも、努力に見合う効果が得られる可能性が高いのかどうか、話し合ってみるべきだろう。もし企業がより広範な社会的利益を追求するために利益を返上してもいいと考えているのであれば、ここに示されているどんな活動よりも、助成金や保護策への要求をやめることによってはるかに貢献できるのではないだろうか。

次に、ゲイツ財団の筆者たちはこう問いかける。「企業が利潤の最大化にのみ邁進し、株主が最善と思うやり方で寄付するにまかせるのではどうしていけないのか」。

実にもっともな疑問だ。私は最近、屋根の葺《ふ》き替えをした。その際、屋根職人に一千ドル余分に渡して、それで一千ドルの寄付をするように指示することもできたが、それは慈善行為としては非常に効率の悪いやり方に思える。私は屋根職人に慈善活動選びをまかせたくはないし、企業経営者にもまかせたくはない。なぜ株主は企業に対して利潤の最大化だけを求め、その代わりに自分が得た配当金の一部を寄付にまわしてはいけないのか？

その答えとして、筆者たちは箇条書きで二つの例をあげている。うち一つは明らかに不条理だ。「開発途上国の農業生産者を応援したい消費者は、フェアトレード製品を買うことこそが、その目標を実現する最善の方法であるという結論に達するかもしれない」

なるほど、確かにコーヒー農家（砂糖農家や養羊農家、都市部の貧困者ではなく）の賃金を引き上げたいという熱烈な願いを抱く消費者は、フェアトレード・コーヒーを購入することで自身の目標を達成するのかもしれない。しかし、そのような奇異に思えるほどゆがんだ利他主義を背負い込んでしまった消費者が少数派であることを私は切に願っている。

〝フェアトレード〟という言葉が独占権の強化（他の生産者の商品が売れなくなるように働きかけることによって、一部の生産者を豊かにする）を指す婉曲表現であるらしいことは、ここでは問題にしない。いま深入りすべき問題ではないからだ。しかしこれは直接、論旨に関係するところでもあるのだが、多くの人々は一般に、貧しい人々を助ける道義的義務を感じている。正気の人間であれば誰も、貧しいコーヒー農家だけを特別に助ける道義的責務は感じないだろう。したがって〝創造的資本主義〟の解決策は存在すらしない目標を達成していることになる。しかもこれは筆者たちが考え出せた最善の二例のうちの一つなのである。

実際、このフェアトレード問題は、現実離れした創造的資本主義のよい例だ。私たちは高い値段をコーヒーに支払って農家を失業に追い込むこともできれば、普通のコーヒーを買って基金やNGOに寄付をして、お腹をすかせている子供に食べ物を届けることもできる。どうか、たくみな言葉で前者が立派な行いだと人々に信じ込ませることはやめてほしい。

ゲイツ財団の筆者たちは「創造的資本主義は、資本主義の新たな潜在的可能性を引き出しつつ、貧困から人々を脱出させられるのではないか」と期待しながら文章を締めくくっている。この点はいくら強調してもしすぎることはないのだが、資本主義は世界の大半を貧困から脱出させた。その他のいかなるものも、相当数の人々を貧困から抜け出させた実績はない。ただの一度もだ。

世界の貧しい人々の多くは、財産を収奪する政府のもとに暮らしているからこそ貧しいのだ。彼らに必要な品物や所得をどうやって与えるかを問いかけるだけでは十分ではない。こうした品々や所得の収奪をどうやったら防げるかも問いかけなくてはいけない。その問題に対処しなければ、大したことは成し遂げられないだろう。

最後に、このサイトでは政府や企業、慈善団体が役立つためには何をすればいいのかについて、いろいろと話し合われてきた。このプロジェクトに参加している寄稿者リストを見る限り、学識者やジャーナリストには何ができるのかを尋ねてみるのがいいのかもしれない。

私の答えはこうだ。私たちは政府、企業、慈善団体と連携して、どこから富が来るのか、資本主義なくしての富がどうして幻想にすぎないのか、この事実がどのように具体的な政策の問題点につながるのかを人々に思い出させることができるかもしれない。

資本主義的革新の限界を乗り越える

ビル&メリンダ・ゲイツ財団ポリシーアナリスト
トレーシー・ウィリアムズ
同政策・政府関連担当ディレクター
マイケル・デイチ
同シニア・アドボカシー・オフィサー
ジョシュ・ダニエル

スティーヴン・ランズバーグは「ゲイツ財団の筆者たちが何を言おうとしているのか皆目わからない」と述べているが、この説明が疑問を解消することを切に願う。

一、ランズバーグは「不平等や不均衡を緩和する取り組みに参加してくれる企業を増やそうと」すれば、必然的に「資本主義を変える」ことになると論じている。

その主張には正直、同意しかねる。創造的資本主義は、資本主義の構造そのものを変えることではない。その構造をもっと創造的な形で活用することだ。創造性を発揮するのは、低所得に悩むアフリカ地域を一大市場に変える方法を考えついた携帯電話会社かもしれないし（たとえばケニアのサファリコム）、時代遅れの法律を改正して企業や農家を高いマージンをとる中間業者から解放しようとする政府かもしれない（たとえばインドのマディヤ・プラデーシュ州政府が

e-Choupal《イー・チョウパル》イニシアティブに対してとった措置。農村部にネット接続ができるPCを設置し、情報交換や電子商取引が可能なシステムを開設した)。これらの事例は、企業が事業活動の優先事項をくつがえすことなく、いかに資本主義を活用して世界の最貧困層の役に立つことができるのかを示している。

二、ランズバーグは、もし「創造的資本主義が、一部の機会に対して、他の機会に対する以上に努力をするということならば、それは利潤最大化からの逸脱になってしまう」と述べている。C・K・プラハラードらは、豊かな世界の企業は、途上国世界の市場よりも豊かな世界の市場で機会を探す傾向が強いと考えていた。もしそれが本当だとしたら、途上国の市場は、潜在能力が十分に活用されていないのかもしれない。そうであるなら、企業は途上国の市場のニーズを調査検討するのにもっと時間をかけるべきだ。この仮説の真偽を検証するデータはないが、現実は企業によって異なる可能性が高い。当然、各企業が、潜在機会の調査検討が価値ある投資であるかどうかを見きわめる必要がある。

三、ランズバーグは、私たちが「企業が貧しい人々の役に立つ〝重要な〟方法」、つまり「貧しい人々の生産性を高める」必要性を見過ごしていると書いている。

もちろん私たちは、貧しい人々に仕事を提供し、生活を向上させる企業の取り組みを支持している。創造的資本主義の模範的な例にあげられるのは、バングラデシュの貧困層向けに低価格で栄養価の高いヨーグルトを生産するために立ち上げられた、ダノン（乳製品製造産業の世界的企業）とグラミン銀行の合弁事業、グラミン・ダノン・フーズだろう。このプロジェクトは、地元の生産者から牛乳の供給を受け、微量栄養素を強化したヨーグルトを製造して、地元の女性行商人のネットワークを介して販売している。ダノンは自社の評価を高め、技術革新を実践し、新しい市場を研究しており、合弁事業は地域経済に雇用を創出し、栄養失調と闘っている。

しかし、雇用創出は常に貧しい人々に対して企業ができる最善の策だとするランズバーグの主張には疑問を感じる。たとえば、ランズバーグは「ナイキが第三世界の労働者のためにできる最善のことは、低価格のスニーカーを提供することではない。富裕な西洋人向けの高価格のスニーカーを製造する仕事に従事させるため、労働者を雇用することなのだ」と書いている。しかしナイキが低価格のスニーカーを低所得の消費者に提供する方法も探せるとしたらどうだろう？「スニーカー」を「ワクチン」に、「ナイキ」を「グラクソ・スミスクライン」に置き換えたら、その意味するところはさらに明確になる。この場合、段階的価格設定は、低所得市場を開拓するだけでなく、人命をも救うのだ。

四、ランズバーグは、「企業は、創造的資本主義が構想するどんな活動よりも、助成金や保護策への要求をやめることによってはるかに貢献できるのではないだろうか」と述べている。

企業が保護主義を捨てることを選ぶなら、それはすばらしいことだ。しかし企業がみずからの利益と矛盾しているとしか思えない行動をとると信じ込むほど、私たちも青くはない。創造的資本主義は、企業が直面しているインセンティブに働きかけ、企業の利益と貧しい人々の利益との折り合いをつけるという、根本的に異なる前提からスタートしている。

ランズバーグが言うように、資本主義は多くの人々を貧困から抜け出させてきた。そして今後もそれは変わらないだろう。しかし、資本主義的革新の限界を乗り越え、プロセスを速めることが可能なのかどうか、なぜ問いかけてみることはしないのか。私たちの手元にその答えがあるとはもちろん言わない。結果を決定づけるのは、公共部門、民間セクター、そして非営利部門の、創造的資本主義への呼びかけに耳を傾けた人々だからだ。

シアーズの出した答え

カリフォルニア大学経営学教授
デヴィッド・ヴォーゲル

一世紀以上も前、シアーズ・ローバック社のジュリアス・ローゼンウォルド会長は他に先駆け、革新的なアプローチで企業の社会貢献活動を実践していた。ゲイツが今日提唱する創造的資本主義の模範的な例とも言えるだろう。十九世紀後半、農業従事者はアメリカの国民の中では豊かさから最も遠いところにおり、また、アメリカの農業技術の水準は西ヨーロッパに大きく遅れをとっていた。農家の窮状を目のあたりにしたローゼンウォルドは、一八九五年にシアーズを買収後まもなく、科学的な農業知識と最新の農業技術の普及を推進していくことを決めた。農業技術は過去二十年ほどで開発が進んでいたが、富裕な大規模農家以外は最新の情報を手にすることができなかったのである。

ローゼンウォルドのとった戦略は、地域農業相談員の雇用に資金を供出し、農業教育を目的とする青少年育成クラブを設立するというものだった。これらの活動は大きな効果をあげ、農務省に引き継がれるまでの約十年間はもっぱらシアーズ・ローバック社によって支えられていた。

社会貢献活動に携わることによってシアーズ本体の業績も右肩上がりの状態が続いた。シアーズ社の取り組みにより技術の水準と生産性が向上して農家の所得は上昇し、その結果シアーズの商品への需要も高まったのである。倒産寸前だったシアーズは十年もしないうちに、国内の小売業者では初の全国展開を果たした。シアーズのカタログはあまたのアメリカ家庭で、聖書と並んで一番目につく場所に置かれるようになっている。

ゲイツは今日の企業リーダーたちに対して、ローゼンウォルドの例にならい、世界の市場経済から取り残された人々の生活を向上させる後押しをしてほしいと望んでいる。

ゲイツの要請は三つの疑問を喚起する。一つめは、国際競争の激化と効率化した資本市場が課す制約のなかでも、世界の企業はシアーズのような責任ある行動をとれるようになるのか、というものだ。ゲイツが示唆するように、よい行いに対する評価が利益へとつながる成果をもたらしている限りは可能だろう。

しかし第一の疑問はさらに二つの疑問を提起する。第二の疑問は、もっと責任ある行動をとることが、実際に企業の収益向上につながるのか。そして第三は、企業が利潤を最大化するために社会貢献をしていたとしても、社会的責任をふまえた活動を実践する企業として評価されるに値するのか、というものだ。

最初の質問にかんして言えば、朗報がある。世界で活躍する企業が責任ある行動をとりながら、なおかつ競争市場で生き残ることは可能だ。この二十年間、国際競争圧力の高まりにもかかわらず、社会的責任（CSR）の原則を掲げ、実践してきたグローバル企業の数は着実に増えている。今日、先進国に本拠をおくほぼすべての主要なグローバル企業が、社会貢献活動に取り組むプログラムを設けており、同様の活動をする途上国の企業もしだいにその数を増やしている。環境、労働、人権にかんする自主基準は今日、衣料やスポーツ用品、鉱物・鉱業、金融サービス、林業、漁業、化学、玩具、観光・旅行、コーヒー、カカオ、ヤシ油、ダイアモンド、エネルギー、コンピュータ、電子機器を含む世界の多くの産業に存在する。また、多くの企業は国際的なNGOと協力関係を構築し、世界各地でCSR活動を展開している。

「国連グローバル・コンパクト」は、世界最大規模を誇る企業の自主行動規範で、現在では発展途上諸国の多数の企業を含む三千五百を超える署名企業を擁している。そして、二千三百余の企業は、国際商業会議所の〝持続可能な発展のための産業界憲章〟を批准している。四兆五千億ドル相当の資産を保有する十六カ国の七十余の主要国際金融機関が、環境・社会・ガバナンス（ESG）課題を投資分析に統合する義務を課す〝国連の責任ある投資原則〟を採用し、六十六の金融機関が、プロジェクト・ファイナンス案件の実施にあたって環境・人権関連の基準を設けた、〝赤道《エクエーター》原則〟（訳注：二〇〇三年に採択された、民間金融機関共通の原則。南北で均衡のとれた開発を目指す意味でこう名づけられた）に署名している。

確かに、こうした規範や基準の多くは、常に遵守されているとはいえない。しかし、いわゆる〝市民規制〟の大幅かつ着実な拡大は、世界の企業規範や慣行に重要な変化が起きていることを反映しているといえるだろう。

だから心配する必要はない。社会的目標を追求するために意図的に収益を犠牲にした企業は、たとえあったとしてもごくわずかなのだ。とはいえ、NGOからの圧力や、メディアによる暴露の可能性に直面して、多くのグローバル企業は、富の創出以上の責任を果たすよう世間に期待されていることを認識するようになっている。世論は企業に対して、たとえば環境悪化などのコストを吸収・負担すること、特に地域発展を促進する取り組みの実施を通して公共財の供給を増やすこと、賃金引き上げや労働条件の改善によって世界の経済的不平等を緩和すること、そして製薬会社に対しては世界規模で医療アクセスを向上させることを期待しているのである。二千社以上の企業がいまや、国内外の社会・環境関連のプログラムや取り組み、実践にかんする年次報告書を公表し、その多くが第三者によって監査されている。

企業が世界の社会・環境プログラムにどれほどの追加資源を投入したかにかんする正確なデータはないが、このような支出も、特に企業の上層部が費やす時間を含めれば、決して取るに足らない額ではない。競合企業よりも多くの社会的支出や環境対策費用を捻出しているCSRの先達が競争力を低下させていないということは、すでにわかっている。企業がCSR関連支出を増やした、もしくはコミットメントを強化したからという理由で、資本市場が企業の価値を減少させたケースはほぼないと言っていい。

それはなぜなのか？　経営幹部は、社会貢献活動への支出は事実上すべて、株主の利益のためなのだともっともらしく主張できるからだ。多くの場合、社会貢献支出はリスク・マネジメント、もしくは広報活動の一形態に相当する。企業の評判を高め、ブランド価値を守ることにつながるため、CSRは〝企業スキャンダル対応〟（Corporate Scandal Response）の略称だといわれているほどである。また、CSR支出は新たな市場機会を創出し、従業員の士気を向上させ、そして、一部の公害防止策の場合にはコストを削減してきた。この種のビジネス上の利益はしばしば測定がむずかしい。しかしその点ではCSR支出も、豪華な本社家屋の取得や公共スペースでの芸術作品の展示などといった他の種類の支出と何ら違いはないのである。

アメリカの大手小売チェーン〈ターゲット〉は、自社店舗周辺にある地域活動グループを支援するために、課税前収入の五パーセントを割り当てている。社会貢献への支出としては、ウォルマートなどの競合企業よりかなり多い。実際、慈善事業に対する企業の平均支出は現在、課税前収入の〇・七パーセントといわれている。それでもターゲットは競争の激しい小売市場で成功を収めており、資本市場が慈善事業への平均以上の支出を理由にペナルティーを課したことを示す証拠はない。ターゲットが地域社会への寄付を実施している件をアナリストが把握していたとするなら、社会貢献支出をおこなうことが経営上も理にかなっているという方針を打ち出した経営陣の判断を尊重したのだろう。

グーグルは新規公募のさい、前代未聞ともいえる行動に出た。株主に対して、経営目標を株主価値の最大化に限定しないことを告げたのである。そしてその言葉どおり、グーグルは相当額の資金を社会貢献活動や、代替エネルギーへの高リスク投資に割り当てている。それでもグーグルの新規公募は上首尾に終わり、株式は依然として高く評価されている。その理由は明白だ。資本市場が気にするのは、成長の見通しが堅調であるかどうかだけなのである。

したがって、資本市場は、必ずしも他社よりも責任ある活動をしている企業だからといって、ペナルティーを課すわけではないということだ。これは朗報といえるだろう。しかし残念な知らせもある。市場は、社会に貢献している企業に必ずしも見返りを与えるわけではないのだ。CSRが企業の収益性を向上させるという主張は書籍や論文、教室で果てしなく繰り返されてきている。多くの経営学の学生たちはその主張をうのみにし、それは社会投資ファンドや一大産業に成長したCSRコンサルティング業界のビジネス原理の基盤ともなっている。しかし、百六十六の学術的研究を総合的に精査した最近の調査では、CSRが企業の財務実績に与える影響はわずかにプラスであるにすぎないとの結論が出た。要するに、CSRは企業の競争力にはほとんど影響を与えないらしい。

食品スーパーのホール・フーズやスポーツ用品メーカーのパタゴニアのように、CSRがビジネス戦略において重要な役割を担っているにもかかわらず経済的にも成功している企業の例ももちろんあげられる。ユニリーバやナイキなども、世界中で実践しているCSRイニシアティブが功を奏して財務的にも恩恵を受けている。しかし世界各地で着実にCSRの実績を積み、評価を得ていても、財務的には成功していない企業の例も多い。GAPもその一つだ。

世界最大の衣料小売チェーンのGAPは、CSRでは高い評価を得ている。同社は長年、途上国の現地工場で働く労働者の福祉に真剣に取り組んできた。最近では、RED製品を系列店舗の目立つ場所に陳列するなど、キャンペーンの強力な企業サポーターとなっている。それでもここ数年、売り上げと収益は期待はずれの水準に終わっている。世界各地でCSR活動を熱心に展開していることが財政難を引き起こしたわけではない。RED商品を販売しているからといって、系列店舗のデザイン性の悪さや、最近の商品ラインにファッション性が不足しているといった問題の埋め合わせにはならなかったということだ。

スターバックスはフェアトレード・コーヒーを販売し、環境維持や原料の買付先であるコーヒー農家の所得向上に積極的に取り組んできた。それでも、収益水準はウォール街を失望させるものでしかなく、それを受けて最近六百店舗を閉鎖している。消費者は以前とは違い、一ガロンのガソリンとほぼ同額の代金を一杯のコーヒーに出費することにためらいを見せるようになっている。それが響いて売り上げが鈍化し、一部商品の価格引き下げを迫られたのである。

PR活動の目玉に掲げていたCSRプログラムによって、スターバックスは何らかの恩恵を得ることができたのだろうか？　具体的にどれほどかはわからないが、その可能性はあるだろう。いずれにしても、消費者のほとんどは同社のCSR活動のことを知りもしないか、気にもとめていないのではなかろうか。少なくとも、ウォール街はスターバックスの〝善行〟に感動してはいないようだ。株主は、同社の現在の売り上げと将来の売り上げ、それに収益が落ちているという事実にしか注目しない。

CSR活動への取り組みを公表することがブランドに競争上の優位性をもたらすことはまれだが、それには競合企業があまりにも簡単に真似できてしまうという構造的要因も影響している。たとえば何らかの社会的目標に関連したマーケティング企画の展開、評判のよいNGOとの協力関係の構築、社会・環境活動の実践などのCSRイニシアティブを実施することを公表した企業は、市場での優位性を獲得できると判断されれば、競合相手に簡単に追随されてしまうのだ。実際、ほぼすべての消費者ブランドは、CSR活動と何らかの連携をしている。その結果、今日では多くの企業が従来よりも道義にかなう行動をとっている。少なくともそのようには見える。しかし実際には競争上の優位性を得た企業はほとんどない。逆説的だが、社会貢献活動に携わる企業が増えればそれだけ、CSR分野での確固たる評価を獲得したどこか特定の企業が恩恵をこうむる可能性は低くなるのである。

一企業にできる社会貢献の数には当然、限りがあるものだが、限界まで努力しているとおぼしき企業はほとんどない。広範に行きわたる創造的な社会貢献活動をおこなっても、目に見えて企業の競争力が高まることはないかもしれないが、競争力をそこなうこともない。また、企業の売り上げを実際に増加させたといって、企業の〝善行〟を非難することには意味がないだろう。企業経営者がなぜ企業目標と公共目標の開きを縮めようとするのか、その動機を勘ぐっても得られるものは何もないのだ。

重要なのは、あくまで経営者が何をするかであって、なぜするかではない。ローゼンウォルドの取り組みはシアーズの収益も改善したとはいえ、アメリカの農家の暮らし向きをよくしたことは評価に値する。企業がよき市民であることを公的に評価されたいと望むのは、収益の着実な伸びを投資家に評価されたいと思うことと同様、もっともなことなのだ。企業が利他主義的な動機だけで道義にかなう振る舞いをするなどと信じる人は実際にはほとんどいない。だから本書の編者マイケル・キンズレーも頭を悩ませる必要はないのではなかろうか。

アメリカの資本家たちが抱える二つの盲点

マット・ミラー
米国進歩センター上級研究員

私は、創造的資本主義の支持者が掲げる大前提に挑戦してみようと思う。実際のところ、C・K・プラハラード流に新たな商機を見出すことは別として、世界の貧困層の暮らし向きをよくするために企業にできる最大の貢献と、企業がどう活動するかとは何の関係もないからだ。貧困層の生活を向上させられるかどうかはむしろ、資本家が支持、もしくは反対を表明する、広範な公共政策にかかっている。

以下が私の論理である（アメリカを例に引いた）。

一、資本主義には貧困に終止符を打つ力がある。しかし今日、資本主義の前に最大の脅威となって立ちはだかっているのは、先進国世界、ことにアメリカに迫りくる自由貿易と公開市場に対する反動だ。〝豊かな世界〟が国境を閉じれば、ここで論じられたような〝創造的資本主義〟がどれほどあったとしても埋め合わせられないほどに、他の地域での経済的見通しをそこなう結果になるだろう。

二、逆説的だが、アメリカの資本家が世界の貧しい人々に与えられる最大かつ最も〝創造的〟な後押しは、アメリカ国内の労働者が抱える経済不安を和らげることなのだ。保護主義的反動を激化させるのは、ほかでもない、自国の労働者たちの不安なのである。

三、経済不安を和らげるというのは、平均的な労働者に対して、よりよい医療サービスや年金保障を提供することを意味する。

四、福祉国家アメリカで政府が従来よりも大きな役割を演じること、そして近年、中心的（かつ特異）な役割を担うようになっていた企業にやがては取って代わることなしには、こうした変化は起こりえない。税の引き上げも必要になるだろう。

五、アメリカの資本家は一般に、民から官への移行の必要性をきちんと理解できていない。こうした問題について答えているところを見聞きしたことはないが、ゲイツ氏ももしかしたらその一人かもしれない。一方、かさむ一方のコストに苦しめられている財界の首脳は、医療サービスや年金事業から手を引きたいと思っている。しかし、経営トップの多くはその舌の根も乾かないうちに、〝大きな政府〟の関与が強くなることは望まないと言う。いったい政府のほかに誰がいると思っているのだろう?

六、加えて、アメリカの資本家は移行を支えるのに必要な増税が経済をだめにするという誤った考えを持っている。先進諸国のデータが、企業を重荷から解放し、社会的セーフティネットにあいた穴をふさぐために必要なささやかな増税と、堅調な経済成長とは両立できることを示しているというのに、アメリカはフランスにもスウェーデンにもなろうとはしない。

七、以上にかんしての私の見解が正しいのならば、創造的資本主義の目標を支持する人々は、エネルギーを注ぐ別の場所を検討したほうがいいだろう。世界の貧しい人々を支援することで見せかけの利他主義精神を発揮するよう個々の企業にうながす代わりに、アメリカの実業界トップに働きかけて、保健医療や年金といった保障の提供や、政府や企業が負うべき適切な役割、税と経済の関係にかんする旧式で時代遅れの考え方をやめさせるべきだ。世界屈指の資本家たちが抱えるこの二つの盲点はいまや、資本主義の未来、ひいては、アメリカばかりか世界中の数十億もの人々の福祉や幸福を脅かす最大のリスクとなっている。

よい行いを強要すれば弊害も生じる

エドマンド・フェルプス
コロンビア大学政治経済学教授。二〇〇六年ノーベル経済学賞受賞

ビル・ゲイツのスピーチは、二つの誤った印象を与える可能性がある。第一に、少なくともタイトルから先は本書の内容を読まないであろう人たちにとっては、ゲイツの提案どおりにつくり変えられるまで、資本主義は創造的にはなりえないと示唆しているようにとれる。

しかし十年以上にわたって私も力説してきたように、創造性は資本主義の真髄であり切り札なのだ。資本主義とは新たな発想をはぐくむシステムである。ふとしたひらめきを発展させていき、最終的には、商業的価値があると思われるアイデアの競争が繰り広げられていく。このシステムがもたらした恩恵の多くは、西側世界の人間主義的概念にもとづく〝よい暮らし〟には必要不可欠な要素になっている。目新しさが提供してくれる知的な刺激、新たな問題を解決するという挑戦、探検の喜び、発見の興奮やスリル、創意工夫の楽しみ、そして、その結果得られる進歩と人としての成長に対する満足感などがその例にあげられる。

間違った印象を与えかねない第二の要素は、「資本主義は、自分の利益を追い求める力を持続的かつ有益な形で利用しているが、それだけでは裕福な人々のためのものでしかない」という主張だ。実際、ゲイツの主張は半分しか正しくない。私ならこう言うだろう。よく機能している市場システムを持つ国は、高水準の雇用をもたらし、全所得層の賃金を引き上げ、最も恵まれない人々にとって有益な施策をおこなう。何より、やりがいのある仕事を与えてくれる。これは東ヨーロッパの共産主義はもちろん西ヨーロッパの協調組合主義もなかなかできないでいることなのだ。

こうした間違ったイメージをいったん克服してしまえば、ゲイツの提案の中核をなす構想の検討に入っていくことができる。具体的には、資本主義経済の創造的な領域を拡大すれば、たとえば貧困に苦しむ国々にワクチンや蚊帳その他の公衆衛生ツールや、実情にマッチした新しいテクノロジーを提供していくことができるし、また、そうすべきであるという主張だ。今回のプロジェクトでほかの参加者たちも指摘してきたとおり、創造的資本主義は〝企業の社会的責任〟に類するものを思い切って拡大していくことを意味している。あらゆる面から総合的に考えて、企業の社会的責任の範囲を拡大していくことは望ましいのだろうか？　いったいどのように考えるべきなのだろう？

CSRの役割についての疑問は、必然的に利他主義の役割に対しても疑問を投げかける。利他主義は広く普及しているのか、それともサンタクロースほどの現実味しかないのか。広く普及しているのだとしたら、実際に有用なのだろうか。

世界には無私で利他的な性質をもつ人々が存在するという見解には全面的に賛同していただけるものと思う。アダム・スミスが言うように、精肉店は価格に見合う正しい目方の商品を渡し、従業員は雇用主の目のとどかないときも精を出してしっかり働く。もちろん、利他的な遺伝子のかけらも持っていないような実業家もいる（おそらく利他的精神は家族のためにしか発揮しないのだろう）。しかし、真の利他主義というものが存在するという点では意見が一致するはずだ。

標準的な経済学、すなわち、学生たちが最初に経験する新古典派の理論は、利他主義にほとんど有用性を見出さない。インセンティブを法制化すれば同じ成果をあげられると考えているからだ。路上で他者への配慮を示せば人命の救助にもつながるかもしれない。しかし交通法規や懲罰にも同じ効果がある。

確かに貧しい人々に対して慈善行為をおこなえば誰もがいい気分になれるかもしれないが、再分配効果のある税制も同じことを同等かそれ以上にうまくできる。一部の経済学者は、経済的利他主義は芳しくないか、もしくは不必要な概念であり、反対に〝欲〟をよいものと位置づけている。しかしそれはあまりに単純化された結論ではないだろうか。

今日の経済学において、利他主義は善となる可能性を秘めているものと考えられている。今をさかのぼること数十年前の一九七一年に、私はラッセル・セージ財団で、現実の市場経済に見られるさまざまな利他主義の形態から得られる恩恵について討論する会議を開催した。現実の市場経済では、参入者は不完全な情報しか持っていないため、ありとあらゆる種類の問題に悩まされる。私は、こうした問題を一部であれ改善するには、国としての利他主義が利用できると考えている。そして、国としての利他主義は実際に活用されている。納税がいい例だ。所得申告をし、期限までに税を納めることで納税者仲間に対する利他主義を発揮したなら、莫大な社会的便益がもたらされる。たとえ不正が発覚する確率がごくわずかだったとしても、所得税を誠実に支払うことで、税基盤を維持し、政府支出の水準に関係なく税率を低く抑えることができる。誰もが不正に手を染めているホッブズ的国家と比べると、国全体の暮らし向きがよくなるという効果が得られる。

実業界にはこれと似たような状況がたくさんある。まだ学校に通っていたころ、私はヘンリック・イプセンの『民衆の敵』という作品に強い感銘を受けた。この物語の中に登場する企業はコストを抑えるために、町の飲料水をいずれ枯渇させてしまうような手法で生産をおこなっているのだが、その事実を世に公表しようとはしない。新古典派経済学者が言うように、町はこうした利己的な行動を抑止するような罰金を規定した法律を制定するべきだったのだ。しかしたとえそうしたとしても、企業は支払い能力がなくなるまで資本を使い、結局は罰金をまぬがれてしまったかもしれない。

一部の従業員は病気を装って雇用主の時間を盗み、窃盗行為に手を出して物品を雇用者から盗む。したがって標準的な企業は、従業員の不正が発覚し、解雇された場合に〝何か失うもの〟をつくるために、〝奨励給〟を設定している。とはいえ、すべての企業がいっせいに賃金を引き上げれば、どこも競争上の優位性が得られなくなるため、不正は軽減されない。労働力の価格が上がり、ひいては失業の増大をもたらすだけで、何にもならないのだ。

しかし利他主義ならその問題を解決してくれる。従業員が不正をすればたがいに損害を与えることに気づき、罪悪感から不正をやめることにつながれば、賃金と失業率はもとの水準まで戻るだろう。

多くの投機的事業にとって利他主義は必要不可欠であるかもしれない。そして企業家は自分に与えられた仕事をこなしながら専門知識も共有し合うチームを必要とするかもしれない。そうした互助努力に対して与えられる報奨は、いかなる形態であれきわめて恣意的である。情報共有によって得られた恩恵についての正確なデータは一般には入手できないからだ。いずれにせよ、利他的なチーム精神は、重要かつ必要不可欠なのである。

したがって、利他主義は貴重な使い道を持つ資源だといえるだろう。多くのビジネスの場で、社会のすべての人に恩恵をもたらす。そしてビジネス界の外でも、たとえば〝人を殺すことは間違っている〟といった種々の道徳的指針は、大きな社会的利益を生みだす。

しかし利他主義の精神から出た行動が予想に反する結果に終わることもある。たとえば企業が単独で行動している場合、賃金率を〝生活給〟の名目で引き上げれば、少なからずよい影響がもたらされる。しかし全企業がいっせいに賃金を引き上げれば、労働力節約の何らかの方策が模索される可能性が高い。その結果、高い賃金を獲得する労働者もいる一方で、仕事を失い、何の賃金ももらえない者も出てくるだろう。失業率も増加していくに違いない。

企業の利他主義拡大を求めるゲイツの呼びかけに対しても、また、もっと広く一般的に、企業に〝社会的責任〟を求める声の高まりに対しても、同様の論理で異を唱えることができる。

この問題について話し始める前に、まずはシカゴ学派が提示した自由意志論にもとづく反論についてコメントしておきたい。実を言うと、私自身はこの考え方にはある程度までしか共感できない。与えられた時間や地位、富や財によって、自分がすべきことが事こまかに決められている社会に暮らさなければならないとしたら、活躍の場が得られず大きな苦しみを味わう人を出してしまうことにもなりかねない。その点にかんしては、ほとんどの人が自由意志論者に同意するだろう。利潤追求目的から逸脱する行為が強要されるようになった場合、個人よりも企業のほうが大きな影響をこうむる可能性が高い。というのは、大企業が〝無責任な〟行動をしているという事実を隠すほうが、個人が所得税申告書を提出しないですませてしまうよりむずかしいからだ。

しかしCSRが構想する企業生活における逸脱行為が、金曜日のみ、もしくは金曜日の午後だけしか起こらないとしたらどうだろう？　逸脱を実は楽しんでいる人が多かったとしたら？

自由意志論者ならこう答えるだろう。CSRを採用している企業が個人の成長を阻害していると考える人が誰もいなかったとしても、企業に社会的責任を押しつけるのは原則的に間違っている。社会的責任の押しつけは自由の剝奪であり、圧制と同じくらい間違っている、と。

私はもっと現実的な人間なので、この考えをいきすぎだと考えている。しかし〝管理下におかれている者の同意〟があれば、社会が企業に対して圧力をかけるのも、法的に強制して〝社会的責任〟を果たさせるのも問題はない、とまで言い切るつもりもない。そうなれば残るは、協調組合主義への道しかないからだ。

私はアメリカが輩出した最も影響力ある政治・道徳哲学者、ジョン・ロールズのスタンスのほうがいいと考えている。ロールズは、果たされるべき企業の社会的責任を指定することも不当とは思わなかったに違いない。もちろんそれは、選択された社会的責任が、最も恵まれない経済活動の参画者や、最低所得層を含むすべての人々によって是認されることが前提だ。ロールズならきっとこう言っただろう。社会が人々に法律を制定する政治的自由を与え、しかもそれが憲法に組み込まれた正義の概念と一致するものに限定されていることは、重要な意味を持っているのだ、と。

シカゴ学派からのもう一つの反論はこう問いかける。もし人々がワクチンや蚊帳を深刻な貧困に苦しむ地域に送りたいと思っているのなら、社会的責任を遂行する費用を企業に要請するより、個別に慈善寄付をしてもらうほうがよくはないのか、と。企業に要請する理由としてあげられるのは、一つにはグループで取り組んだほうが、個別の取り組みよりも満足感が得られるからだ。企業の社会貢献活動に携わる従業員は、ほかの従業員も頑張っていると思うことで満足感を得ている。おそらく、従業員も投資家も、単独で行動しているときよりも貢献度は高いに違いない。本書のほかの寄稿者たちがあげたもう一つの答えは、個人や慈善団体には概して企業の持つ専門知識や資源が不足しているというものであった。

企業に利他主義を呼びかける代わりに、どうして税金を引き上げ、追加収入を公衆衛生やその他の貧困撲滅を目的とした介入策の助成にあててはいけないのか？　左翼から出されたこの質問に対しても同様の回答ができる。最も妥当と思われる答えは、アメリカ政府にはこれらの施策の数々を実施するのに必要な情報も専門知識もないのに対し、企業にはどちらもあるというものだ。

だからおそらく、企業に税金を課すよりは、企業に対して社会的責任を直接果たすように呼びかけるほうがいいのだろう。

そうはいっても、情報の問題はCSRプログラムに深刻なリスクをもたらす可能性がある。従来的には、新製品の仕掛け人《イノベーター》、製品を開発する企業家、そのための資金を供給する資本家には、収益に結びつくと思われる領域に活動を限定するインセンティブがあった。そして当然のことながら、世間で最も好評を博したのは、収益性の高い技術革新《イノベーション》であった。市場が求めているものが何であるかきちんと考えないイノベーターは、まぐれ当たりでもしない限り、必ず損失を出す。対照的に、企業にせっついて、正しい種類のワクチンを寄付し、社会的利益にかなった正しい種類のテクノロジーの開発をうながすといった市場規律はない。いわゆる〝自動フィードバック・ループ〟は存在しないのだ。

その結果、社会的責任をまっとうしようとする企業もすぐには自分のあやまちを正そうとはしない。参入しているのが競争市場であっても、特定の財やサービスがどこで間違った方向に進んでいってしまったのかを企業が推断するのはむずかしい。供給したワクチンやテクノロジーが最善の選択肢ではなかったことを示す、市場で実証されたデータがない場合は、それがさらにむずかしくなるはずだ。企業内の私利追求が、不適切な選択肢であるはずの製品企画の開発を継続させるかもしれない。大きなニーズのある領域で下手な革新をするほうが、ニーズが充足している領域で上手に革新をするよりはよかったとしても、これは問題である。

情報の問題は企業の企画に対して、予想に反する結果をもたらすかもしれない。数十年前、私はピーター・セラーズ主演の『天国は宇宙に』（訳注：一九六三年の映画作品。日本では未公開）を観た。イギリスのとある町に赴任を命じられた英国国教会の司祭が、慈善を説く。しかし慈善行為が予測もつかないような影響を及ぼし、結果的に別の町を大量失業に追いこんでしまう、というストーリーだ（映画の中で提示された解決策は、誰にもこれ以上危害を及ぼせないであろう宇宙へと、司祭を転任させるというものだった）。このようにアメリカの企業が貧困地域に新しいテクノロジーやその他の財を大量に送りこめば、地域のニーズを満たす事業に参入していた現地企業は、みな廃業に追いこまれてしまうだろう。

最後になるが、社会問題の解決に企業を利用すると、ＣＳＲプログラムへの参加は競争力喪失につながるかもしれない。慈善活動に熱心な企業の株価が下がると、資本はその会社から離れていく傾向にある。アメリカ企業が総じて博愛的になれば、一部の資本は外国に新天地を見つけるに違いない。

きわめて貴重な資源である利他主義の精神を豊かに所有している会社は、通常であれば困難であるはずの状況下でも繁栄していくことができる。しかし人々の利他的精神をあてにして企業の慈善的プログラムに役立てようとすれば、ここで述べたような望ましくない副次的影響をもたらすかもしれない――もちろん他の人々にもだ。したがって、実業界で利他主義を活用するにあたっては、まずは古人のこんな言葉を思い出してみることをおすすめしたい。

「願いごとをするなら気をつけたほうがいい。なぜなら、本当にかなってしまうかもしれないからだ」

「グリーン化」と「社会貢献」という似て非なるもの

第七巡回控訴裁判所判事
リチャード・ポズナー

最後に、利潤最大化というよりむしろ利他主義に動機づけられているという意味で慈善的といえる企業の社会貢献活動（〝創造的資本主義〟が実質的に意味するところ。非利他的な資本主義は創造的でないと暗に示唆する、あまり適切とはいえない表現だ）は現実にはほぼ存在しないことを強調しておきたいと思う。

スターバックスのように、割増価格を払う用意のある顧客に対して〝フェアトレード・コーヒー〟を販売することは、企業の社会貢献活動ではない。利他的精神の持ち主に対して、利潤を最大化する価格で商品を供給しているというだけのことだ。企業は利己的な人々に対しても、利他的精神の持ち主へも喜んで商品を売る。企業の立場からすると、〝フェアトレード・コーヒー〟を販売するのも、サドマゾヒストにレザーのコスチュームを売るのもなんら変わりはない。ナイキが海外工場での労働環境を改善しようと取り組んでいるのも、企業の社会貢献活動の事例ではなく、異なる生産方式を求める消費者需要への企業対応の事例なのである。ハイブリッド車についても同じことが言える。ただ主点が、地球温暖化を緩和したいという消費者の欲求よりむしろ、ガソリンへの出費を抑えたいという欲求であるだけだ。

〝社会的責任投資〟も変わりはない。（リスクとリターンを調整したうえで）投資家がもっと資金を出してでも〝フェアトレード〟ポートフォリオを組みたいというのなら、金融資産管理が専門のポートフォリオ・マネージャーは喜んでその願いをかなえてくれるだろう。

〝社会的責任をまっとうする〟雇用主のもと、市場の相場以下の給与で働く従業員の行動は、社会的責任のある投資をおこなう投資家と似通っている。自身の人的資本に対して市場よりも低いリターンを受け入れる形で、社会的責任を企業から購入しているのだ。これは企業の社会貢献活動ではなく、従業員の社会貢献活動といえるだろう。だがこの持ち出しと引き換えに従業員はいったい何を得るのだろうか。従業員が年間賃金にして一千ドルを返上したからといって、企業は慈善事業に一千ドルを寄付するのだろうか？　企業の持ち出しが一千ドルに満たないなら、従業員はだまされていることになる。

以上の例を含めた、企業による〝虚偽〟の社会的慈善活動の事例を差し引いたとき、企業経営者が株主の利他主義的欲求にきちんと応えている〝本物〟の社会貢献活動が、いったいどれだけ残るのだろうか？　ほとんど残らないのではないだろうか。創造的資本主義の推進者がおかした間違いは、消費者や納入業者の行動に対応しているにすぎない企業に、自由裁量の選択肢（〝利己的になろうか、それとも利他的になろうか？〟）があるものと仮定したことだ。企業の経営陣はひとかけらの利他的な細胞がなくとも、〝創造的資本主義〟として大いにもてはやされている行動を進んでとるだろう。

それに、いわゆる企業の社会貢献活動には、利潤を最大化するばかりか（これは問題ない）、害を及ぼす可能性があるものまである（当然、問題ありだ）。最近では、石油会社が無公害《クリーン》燃料の研究を支援し、〝環境に優しい《グリーン》〟ふりをするという例があった。こうした動きはCO_2排出に対する効果的な公的規制を求める声をはねのけることを目的としている。石油会社が規制を回避しようと努めるのはまったく理にかなったことであり、規制に反対することが国民の利益になる場合も多い。よくない規制もままあるからだ。ただしこの例にかんして言えば、規制を導入するのはプラスになるのではないかと思う。だがこれは瑣末なことだ。ここで重要なのは、石油会社の〝グリーン化〟は社会貢献とはまったく関係ないという点である。

ビル・ゲイツの真意

『フィナンシャル・タイムズ』紙
経済担当主任解説員
マーティン・ウルフ

多くの経済学者と同様、私も創造的な形の資本主義が必要だという発想については、いささか奇異に感じている。最も成功している——そしてまず間違いなく、ここ三十年ほどでは最も冷徹な資本家の一人の口からその提案が出たのだからなおさらだ。今日の情報技術産業においてあれほど大きな役割を果たした男が、どうして資本主義が創造的でないなどと考えるのだろうか？　ヨーゼフ・シュンペーターが言ったように、資本主義のメカニズムとは、創造と破壊なのである。

ではゲイツ氏は何を言わんとしているのか？　私の考えは二点に要約できる。第一に、資本主義は人類社会の知るほかのどんなシステムよりも革新的で柔軟性があり、創造的である。第二に、需要がなければ、資本主義は何もできない。ニーズを認識することはできても（経済学者諸君もほんの二、三日、水が手に入らない状況が続けば気づくだろうが、ニーズというものは実際に存在するのだ）、購買力が不足している場合には、需要にはつながらない（それどころか日干しになって死んでしまいかねない）。

経済学者は、この懸念に対してもちゃんと答えを用意している。確かに、所得のない人間が市場に対して要求を出すことはできない。しかし市場経済はそういう人たちに所得を与える方策を探してせっせと働いている。市場経済は結局のところ、さや取りのチャンスを次々と開拓して有効に活用し、一つひとつそれをつぶしていく巨大マシンなのだ。富裕な国々で賃金の高い労働者を雇い入れる費用と、貧しい国々で賃金の安い労働者を雇用する費用との差は非常に大きく、これ以上の金儲けのチャンスはなかなかない。したがって、やがては市場が貧しい労働者たちに仕事をもたらす方法を見つけ、所得を与えることになる。

残念ながら、特に何十億もの潜在的労働者がいる場合には、このプロセスは遅々として進まない。時間がかかるのは、貧しい人々を雇用する機会を活用するのには、数々の障害が伴うからだ。貧困に苦しむ人々の多くは教育を受けておらず、病気にも悩まされている。生産したものを市場に持ってこようにも必要なインフラが十分に整備されていない。そして当然といえば当然だが、貧しく教育のない人々があふれている国の政府は、あからさまに暴利をむさぼるとまではいかなくとも、能力がなく機能不全の傾向にある。

したがって、次の二つのことを実現できる創意に富んだ方法を探す必要が生じる。一つめは、貧しい人々が収入を得るまでのプロセスを加速化すること、二つめは、市場制度に備わっている特有の能力を活用し、不足している需要を埋め合わせることだ。簡単に言うと、これが開発援助のあるべき姿である。世界最大かつ最強の財団のトップとしての新たな役割を得たゲイツ氏は、きっとこういうことをやろうとしているに違いない。そのためには、ゲイツ氏が言うように、高度な創造性を発揮する必要がある。

では解決策はどういったものになるのだろうか? 一つはC・K・プラハラードによって推奨されている手法で、きわめて貧しい人々でさえも何かの役割を提供できる可能性のある市場を、いままで以上に慎重に探すというものだ。もう一つは、マイクロファイナンスを活用して、所得と需要を刺激する可能性を検討することである。ムハマド・ユヌスはこの発想に対してノーベル賞を与えられている。

しかしこの二つだけでは十分ではない。では、ほかにどんな解決策があるのだろう? ゲイツ氏は、評価が解決策になると示唆している。確かに、評価はかなりうまく機能するだろう。ゲイツ氏が所有しているような財団を創設する強い動機にはなるに違いない。イギリスであったなら、評価の証として貴族院に迎えられていただろう。そしてアメリカ社会で慈善家が大きな役割を担うに至った最大の動機づけは、なんといっても評価なのである。こうして慈善家は評価を勝ち取り、貧しい人々は慈善家の資金が創出したサービス需要の恩恵を受けることができるというわけだ。

とはいえ、こうした社会貢献活動から目に見える形で利益が得られない場合、評価だけでは企業を動かすには十分ではない。貧しい国々でソフトウェアを安く配布することでゲイツ氏のマイクロソフト社は明らかに得をしている。スピーチで列挙されたような画期的な活動を通して世界中で企業イメージが向上した結果、利益を得ているという面もある。しかもマイクロソフト社はかなりの長期にわたって超過利潤を稼ぎ出しており、それも他社と比べて気前よく振る舞える一因となっている。きっと同様の論理が製薬会社にもあてはまるのだろう。しかし私は、この論理は間違いなく、すべての、いや、少なくとも大半の企業には通用しないと主張したい。ゲイツ氏はマイクロソフト社での体験にあまりに頼りすぎている。

欠如している需要を提供する方法をゲイツ氏はあげているが、そのうちのいくつかには疑問を感じざるを得ない。その一例が、先進国で見過ごされてきた疾病の治療薬を開発するのと引き替えに、製薬会社に対してほかの医薬品の優先審査を約束するという手法である。

しかしおおむね、ゲイツ氏の提案は開発援助を考えるにあたっては有用なアプローチと言える。その次に来るのは具体的に、民間から出た援助にせよ、公共の財源から出た援助にせよ、それを資本家のインセンティブとどう結びつけていくのか、という問題の対処である。その結果もたらされる効果は明白だ。たとえば、無能で腐敗した政府を通さずに、人々に直接届けられる援助が増え、人々は自分で資金の使い道を決めることができるようになる。特定の問題を解決した褒賞という形をとる援助も多くなる可能性が高い。官民パートナーシップの形態をとる援助のほか、市場の開拓や市場に適した体制・機構の発達にあてられる援助も増えていくだろう。

要するにゲイツ氏が論じていることは、システムとしての資本主義とはほとんど関係がなく、むしろ国家の発展をうながすことに深い関係がある。ゲイツ氏の主張は、たとえ誤った分類がされていても、自由放任主義で事足りるとは思っていない人たちにとっては興味深い提案といえる。

アダム・スミスならどうしただろう?

クライヴ・クルック
『フィナンシャル・タイムズ』紙コラムニスト

ダヴォスでおこなったスピーチで、ビル・ゲイツはアダム・スミスの『道徳情操論』の冒頭を引用した。

《人間がいかに利己的だと考えられていようとも、人間の本性には明らかにある原則が存在する。人間は他人の運命に関心を寄せ、他人の幸福を必要とするものだ、という原則である。たとえそれを目にする楽しみ以外に何も得るものがないとしても。》

疑いなくビルはこれを、アダム・スミスのもう一つの著書『国富論』の抜粋を好んで引用する人々に対する回答のつもりで口にしたのだろう。『国富論』への傾倒を表明する人々が特に気に入っているのは、以下の一文であるからだ。

《私たちがものを食べることができるのは、肉屋、酒屋、パン職人の博愛のおかげではなく、彼らがみずからの利益を追い求める気持ちを持っているためである》

「資本主義の父であり（中略）個人の利益追求が社会にとって価値があることを強く信じ」ていたアダム・スミスでさえ利他主義への衝動を称賛していた、そうゲイツは言おうとしているのである。社会には利己主義、利他主義、どちらも必要だ。人々の思いと利己心とを結びつけることを狙いとする創造的資本主義が関係してくるのはまさにここで、いわば二人のアダム・スミスを合体させているといえる。

多くの人々は信奉者を名乗りながらも、アダム・スミスを正当に扱っていないという意見があるが、私もそれには同感だ。〝欲は善なり〟という発想は、しばしばアダム・スミスが提示したものとして扱われているが、本来の意図がねじ曲げられて解釈されている。また、スミスは自由意志論者などではない。彼の考える〝自然的自由〟は（〝好きなようにする〟ととる）通常の解釈とは対極に近い。アダム・スミスは『国富論』でも『道徳情操論』でも、セルフコントロールや他者の意見の尊重、さらには安定と法支配、経済インフラの提供における広範な政府の役割がいかに重要かを強調することに心を砕いていた。スミスは時代のはるか先を行っており、当時から義務教育を支持していたのである。

一般的な見方ではあるらしいが、私は『道徳情操論』と『国富論』の内容が相矛盾しているととらえるのは誤りだと思っている。確かに嗜好に応じてどちらかを引用するのが一般的で、両方を引用することはまずないようだが、スミス自身は、両者は相容れないものではないと考えていたはずだ。『国富論』は立法者を感化するために書かれ、『道徳情操論』は対象層をもっと幅広くとらえ、教養ある国民を導き、情報を与えるために書かれた。それぞれ執筆された目的は違うものの、この二つは合わせて一つの知的研究プロジェクトを構成しており、たがいに補い合っているのだ。

ところで、二つのうちでは『国富論』のほうが〝商人〟に対して懐疑的な見方をしている。自由企業説派にはこちらのほうが好まれているのだから逆説的としか言いようがない。おもに左派の人々に頻繁に引き合いに出される『道徳情操論』は、事業家に対して寛大な見方をしている。交易や通商による文明化や教化の効果を立証しようとしているからだ。きちんとこの二つの著作を読んでくれる人がいれば、どれほど状況が違ってくることだろう。

アダム・スミスによると、大半の人々は自己本位である一方で共感的であり、他人によく思われたいと願っている。成功する商業社会は、この二つの特性の上に構築されているというのだ。問題は、その二つをどう組み合わせるのが最善なのかということになる。今日の言葉に直せば、制度機構やインセンティブは、時に相反するこうした性質をどのように形成し、媒介し、均衡させて、さらなる平和と繁栄を促進していけるのか。それがこの二冊の根幹をなすテーマになっている。

統治者に向けて書かれた『国富論』で、アダム・スミスは利己心を抑制し、生産者を消費者の下に位置づけておくための手段として、競争を勧めている。この本が独占企業の保護、そしてなかでもとりわけ、貿易障壁に反対しているのはそのためだ。『道徳情操論』では公共政策の比重を少し減らし、徳の源泉を論じることに重点を置いている。他者による承認は、それ自体が目的であるだけでなく、商業社会で成功するための要件としても必要だと強調しているのである。端的に言えば、競争は生産者を統制し（『国富論』）、商業的な交流が礼儀正しさと思慮分別をはぐくむ（『道徳情操論』）。確かに異なる視点ではあるが、決して矛盾してはいない。

両陣営からこうして気安く引き合いに出されているが、アダム・スミス自身は〝企業の社会的責任〟をめぐる今日の議論をどう思っただろう？　私が一つだけ確信しているのは、スミスは感情と利己心を結びつけて調和させるには、新種の資本主義が必要だとするビル・ゲイツの見解に異を唱えたに違いないということだ。スミスの語るところによれば、ごく普通の利潤追求型通商が感情と利己心の結びつきを実現してくれる。これが『道徳情操論』『国富論』双方において全編を貫く理念となっている。

もちろん、ダヴォスでゲイツが表明した哲学めいた提言を退ける一方で、ＣＳＲそのものはよい試みだという結論にたどりつくことはできる。もしアダム・スミスが今日に生きていたらそうしたかもしれない。スミスは常に実践的だ。自身の主義信条を月並みで型にはまったものにしておきたいと考える思想家たちに対して、彼は疑いの目を向けていた。ＣＳＲは常によいものだとか、常に悪いものだとかといった言葉をスミスが口にするとは、私には思えない。スミスなら場合によりけりだと言ったに違いない。実際、たいていはそうだろう。

一般論として、事業主はみずからの行動を人類全体の評価と信用に照らすべきだと論じることは、『道徳情操論』の精神にのっとった主張といえるだろう。しかし、私が〝経営幹部〟ではなく、〝事業主〟と言っていることに留意していただきたい。スミスが二十一世紀のコーポレートガバナンスをどう思うか、誰にわかるだろうか。今日の企業は、スミスにはほとんど想像すらできなかったであろう形態になっているのだ。

道義的な行いを徹底的に推進してきた立場から、経営幹部は受託者であり、管理下にある資産の所有者に対して第一義的な義務を負っているとスミスは言うかもしれない。その場合、利益を犠牲にしてでも〝評価〟を求めようとして、よい行いに励むなら、それはまったく非倫理的だ。

その一方で、現代の株主は本当の意味での〝所有者〟ではないことにスミスは気づくかもしれない。株主の責任は有限であり、企業の振る舞いについてはほとんど責任を引き受けることがない。企業の行動に対する責任を負っているのは経営幹部であり、したがって、経営者が（最大収益が要求する以上に）〝利害関係者〟へ配慮することは、間違いなく倫理的に正当な行為といえるだろう。

ＣＳＲの是非をめぐる議論はたいてい、企業の本分について疑問を投げかける。しかし意見の相違の多くは、株主に対する経営幹部の義務は何なのか、何であるべきなのかという、もっと限定された質問に要約されている。私たちの社会が最も繁栄を遂げるのは、経営者に対して厳密に代理人としての立場で行動することを義務づけた場合なのか、それとも所有者として行動したいという経営者の欲求を満たしてやるときなのか。私なら前者だと言うだろう。ただしアダム・スミスがなんと言うかはわからない。

創造的資本主義の手に、創造性を取り戻す

クイーンズランド大学経済・政治学教授
ジョン・クイギン

このサイト上でのやりとりは、〝創造的資本主義〟の旗印のもとに行われているが、一般的な意味での創造性にかんしてはあまり議論されていない。しかし、創造性と資本主義の関係が、今日ほど複雑で興味深かったことはないと言ってもいいのではなかろうか。

過去二十年ほどのあいだに生じた主な技術革新は、インターネット、特にさまざまな形態をとるワールドワイドウェブ（ＷＷＷ）の台頭に代表される。インターネットとウェブが存在しなければ、一九七〇年代、八〇年代の生産性上昇率の伸び悩みから、これほどまでにめざましい回復を遂げることはなかっただろう。

しかしインターネットもウェブも市場経済の産物ではない。今日でも、市場インセンティブと、インターネット関連の活動によってなされる社会貢献の関係は、希薄としかいいようがない。

インターネットもウェブも一九九〇年代中盤に商業用途に開放されるまでは、ＡＯＬをはじめ

とするさまざまな民間の競合企業を打ち負かし、あるいは吸収しながら、非営利事業として発展していった。そして民間セクターから企業が大挙して参入するようになってからも、刺激的な新機軸は非営利の利用者（ブログやウィキなど）や、非営利のコンテンツ制作者からもたらされ続けている。対照的に、プッシュ技術（訳注：ネットワークを介してユーザーが求める情報を自動的に配信する技術）やポータルサイトなど、手厚い資金提供を受けていた商業革新が挫折し、あるいは衰退して注目を失っていった。

インターネット経済の主要な駆動力は、利潤追求型の技術革新ではなく、個人レベルで、あるいは集合的に発揮される創造性である。創造性はいまも昔も、さまざまな動機によって駆りたてられている。その中には利他的な動機もあれば、優れたスキルを誇示したいという欲求など、さほど利他的でない動機もあった。あらゆる動機を金銭的報酬をもたらす方向へ持っていこうとする努力は無益であり、また、やりすぎれば逆効果になるだろう。

もちろん、企業はいまでもインターネット経済において大きな役割を担っている。たとえば、グーグルのような企業は、個人で、あるいは集合的に行動する利用者には簡単に真似できないサービスを提供している。とはいえグーグルは、利用者が制作するコンテンツに直接的かつ決定的に依存しており、ひいてはインターネット・コミュニティの善意に頼っているといえるだろう。

こうした重要な資産が失われたなら、グーグルはその地位を追われる危険にさらされることになる。マイクロソフトがＰＣ市場とインターネット・ソフトウェア市場で揺るぎなく見えた優位を失ったことがそれを実証しているといえるだろう。グーグルの〝邪悪になるな〟というスローガンや、たとえば中国の検閲法へのコンプライアンスをめぐる批判に対して見せた敏感さは、グーグルが社会の賛同を必要としている、いや、のどから手が出るほど求めていることを示している。グーグルが開発し、将来的な収益へつながる道筋がはっきりしないにもかかわらず無償で配布している多くの製品についても、同じことが言える。

したがって、企業にとってはこれまで以上に妥当な選択となっているのが、利益にのみ焦点を絞らず、社会で広範な信用を築くことだ。強大な利益集団を味方に引き入れる必要性があるので、この傾向はわずかに抑制されることが予想される。創造的な協調関係が重要な役割を担う経済において、利潤最大化を追求する企業と慈善ＰＲ活動が結びついている場合は、標的と手段を完全に分離していては信用を築くことはむずかしいのである。

以上の要素を、貧しい国々への援助にまで範囲を拡大して適用してみると、さらなる課題が生じる。開発問題で何らかの貢献をするためには、企業は自社が保有する専門技術を提供するだけでなく、社外からもスキルや資源の拠出を募る必要がある。また、技術や資源を提供し、貢献してくれた組織や人材が、搾取されたとか、利用されただけだとか感じないようにするためには、プロジェクトを直接、利潤最大化の目標に結びつけてはいけない。もっとも、こうした課題をすべて解決するには、まだまだ時間がかかるのかもしれない。

訳者あとがき——錚々《そうそう》たる顔ぶれによる本音討論

二〇〇八年九月十五日、米大手投資銀行・証券会社リーマン・ブラザーズが経営破綻したというニュースが世界を飛び交った。これを機に、国際金融市場は「世界大恐慌」以来と言われる深刻な金融危機に直面した。半年以上が過ぎた現在でもまだ、解決の糸口は見つかっていない。

本書『ゲイツとバフェット　新しい資本主義を語る』（原題　Creative Capitalism——A Conversation with Bill Gates, Warren Buffett, and Other Economic Leaders, Simon & Schuster）は二〇〇八年十二月、そのような金融不況の最中に出版された。

毎年一月下旬、スイスの観光地ダヴォスで、世界中の大企業の経営者、政治家、知識人、ジャーナリストらが参加する世界経済フォーラム（通称ダヴォス会議）が開催される。二〇〇八年の同フォーラムで、マイクロソフト会長ビル・ゲイツがスピーチをおこなった。経済はグローバル化したものの富は一部の国々に偏在していると主張し、この問題を解消するための方法として、新たなアプローチによる資本主義、すなわち「創造的資本主義」を提唱したのである。その内容に目をつけたのが、本書の編集を担当したジャーナリストのキンズレーであった。キンズレーは、ゲイツの提唱した「創造的資本主義」について意見交換や討論をおこなうウェブサイトを設置し、経済界・財界の有力者や著名な学者に参加を求めた。そのサイトに投稿された記事をまとめたものが本書である。

この討論に参加した顔ぶれたるや、錚々たるものである。本書のタイトルにも登場する二人の人物については、もはや多言を要する必要はないだろう。片や世界最大のコンピュータ・ソフトウェア企業マイクロソフトの会長、片や世界最大の投資持株会社バークシャー・ハサウェイのCEOである。両者ともに世界で一、二を争う大富豪だ。しかし驚くのはまだ早い。寄稿者の名前が並んだ目次を見ると、ゲーリー・ベッカー、エドマンド・フェルプス、ヴァーノン・スミスと、ノーベル経済学賞を受賞した人物が三名もいる（すでに故人となったミルトン・フリードマンの主張もこの討論のなかで再三採り上げられている）。そのほかにも、著名な経済学者やジャーナリストが目白押しである。これほど豪華絢爛なディスカッションはそうそうお目にかかれるものではない。

本書は、こうした経済界・財界の大物たちの生の声が聞ける貴重な機会を提供してくれる。そう聞くと、さぞ学術的で専門的なやりとりなのだろうと思われるかもしれない。ところが、本書に登場する寄稿者は、学識者としての地位や立場にこだわることなく、生身の、等身大の人間として率直に意見をぶつけあっているのである。誰もが忌憚のない意見を述べることで、本書はきわめて実り豊かな内容になっている。相手の意見を否定するにしても、否定のための否定に終始することはなく、建設的な議論を積み重ねて問題点を細かく分析し、そこから導き出せる新たな展望を探っていく。

たとえば、ノーベル賞経済学者のベッカーが「創造的資本主義よりも、市場を開放し、競争を奨励したほうが効率的だ」と言えば、同じく受賞者のフェルプスが「利他主義には利用価値があるが、その使い方には注意が必要だ」と述べている。財務長官経験者のサマーズが「創造的資本主義をおこなうのならば、ファニーメイとフレディマックの失敗を教訓にすべきだ」と主張すれば、労働長官経験者のライシュが「企業がCSR活動をおこなうさいには、その活動内容を民主的プロセスにしたがって決めなければならない」と訴えている。ビル・ゲイツのスピーチ一つから、これだけ多彩な内容が論じられていることには驚きを禁じえない。

フランスの開発経済学者、エスター・デュフロが本書で述べているように、「アメリカ資本主義の大きな強みは、一つの事業や計画が失敗に終わっても、企業家や投資家が意欲をそがれることがまずないという点」であり、一つの扉が閉ざされてもまた別の扉を探すからこそ、アメリカ経済はどん底に落ちてもまた不死鳥のように蘇る強さを持っているのだろう。このようなプロセスを通して、アメリカはいつも再生への道を見つけていくのかもしれない。

また、アメリカ型企業は利潤追求や合理性を最優先しているという印象が強いが、発展途上国世界の人々の暮らしぶりをよくするために何ができるかをきちんと考えている企業家や学識者がこれだけいるということに、勇気づけられる読者も多いのではなかろうか。

キンズレーは「序」のなかで、今は本書を出すタイミングとしてはあまりよくないと言っている。金融危機のために、資本主義の株が下がってしまったからだ。しかし、逆の考え方もある。資本主義のあり方を再考しなければならない今こそ、本書を出すベストタイミングなのではないだろうか。ゲイツの「創造的資本主義」は、資本主義の新たな可能性を探るうえで、格好の叩き台となる。それに対して寄せられた数々の主張には、今後の経済に有益な情報、今後のビジネスに役立つヒントが散りばめられている。本書を読めば、これからの経済を考えるうえで、より幅広い視野、より多くの視点を手に入れることができるだろう。

本書を翻訳するにあたり、徳間書店編集部の青山恭子さん、株式会社リベルの山本知子さんには大変お世話になった。ここで改めてお礼を申し上げたい。

山田美明・和泉裕子

二〇〇九年三月

〔訳者略歴〕
和泉裕子（いずみ・ゆうこ）
英国国立ロンドン大学卒。
おもな訳書『民主国家vs専制国家　激突の時代が始まる』（徳間書店）、『大統領になったら』スティーヴン・ウィリアムズ著（扶桑社）、『アダムの旅』スペンサー・ウェルズ著（バジリコ）、『マグダラのマリアと聖杯』マーガレット・スターバード著（英知出版）など多数。

山田美明（やまだ・よしあき）
フランス語・英語翻訳家
東京外国語大学英米語学科中退
訳書：レヴェリアン・ルラングァ『ルワンダ大虐殺――世界で一番悲しい光景を見た青年の手記』（晋遊社、2006年）、ジャン＝ピエール・コルテジアーニ『ギザの大ピラミッド』（創元社、2008年）など。

ゲイツとバフェット　新しい資本主義を語る

第1刷――2009年4月30日

編　者――マイケル・キンズレー
訳　者――和泉裕子＋山田美明
発行者――岩渕　徹
発行所――株式会社徳間書店
東京都港区芝大門2－2－1　郵便番号105-8055
電話　編集(03)5403-4344　販売(048)451-5960
振替00140-0-44392
（編集担当）青山恭子
印　刷――(株)廣済堂
カバー印刷――真生印刷(株)
製　本――大口製本印刷株式会社

ISBN978-4-19-862723-2